AF564211

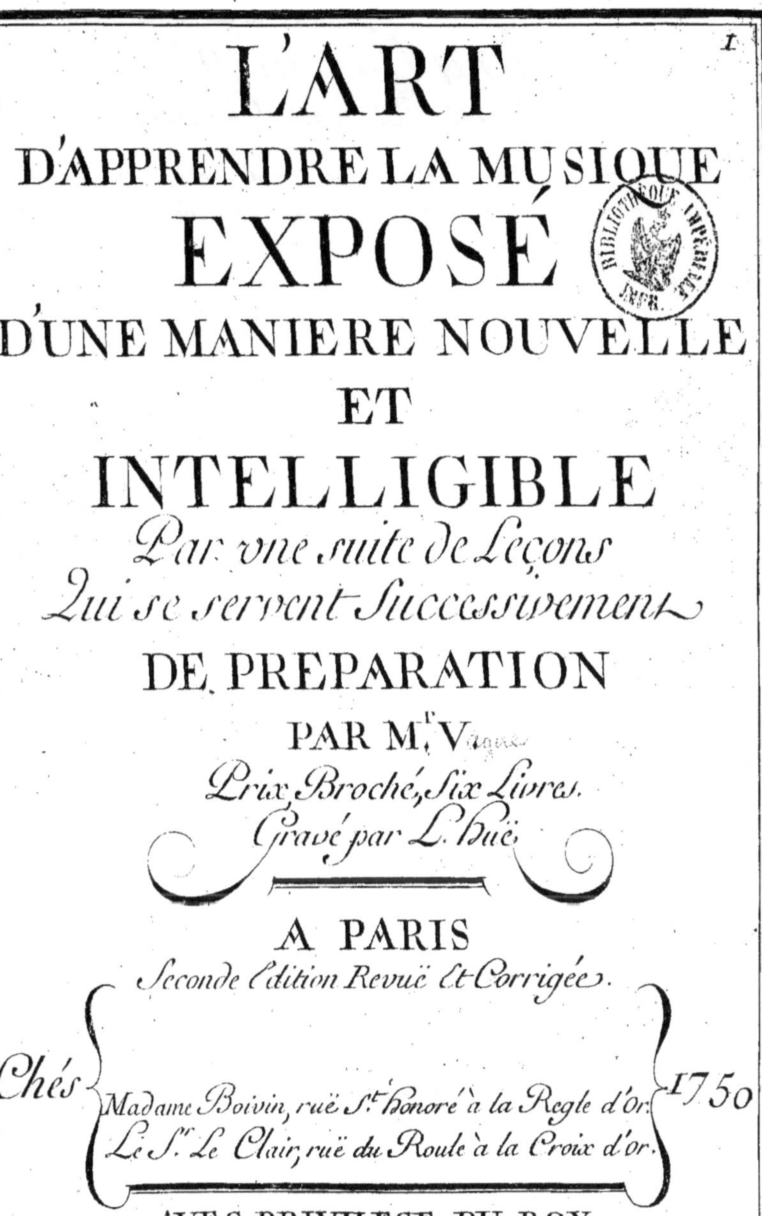

L'ART D'APPRENDRE LA MUSIQUE EXPOSÉ D'UNE MANIERE NOUVELLE ET INTELLIGIBLE

Par une suite de Leçons
Qui se servent Successivement

DE PREPARATION

PAR M.r Vague

Prix Broché, Six Livres.

Gravé par L. Huë

A PARIS

Seconde Edition Revuë Et Corrigée.

Chés
Madame Boivin, ruë S.t Honoré à la Regle d'Or.
Le S.r Le Clair, ruë du Roule à la Croix d'or.
1750

AVEC PRIVILEGE DU ROY.

Avertissement
Au Sujet de Cette nouvelle impression.

Messieurs les Maitres de Musique ont eu la bonté de me faire observer, que je m'etois trop constament servi d'une meme clé pour les premiers principes; ils m'en ont doné de fort bones raisons; J'y deffére. Mes planches sont Corrigées. Ce n'a pas eté une petite affaire d'en imaginer le moyen, et de le mettre en execution; mais le plaisir, que je res=sens, de Suivre leur avis Judicieux me dédomage D'avance. Je prie Ces Messieurs d'observer à leur tour, qu'il n'est pas possible de Mettre tous les principes, tout à la Fois, Sur toutes les clefs. Il faloit necessairem.t opter, ou les distribuer une partie à chacune. J'ay pris ce dernier parti. C'est pour la Comodité des personnes qui aprenent à joüer des Instrumens, que j'ay d'abord Comencé par la clé d'ut, et que j'ay poursuivi par celle de Fa, toutes deux mises Sur la 4.e Ligne. La clé de Sol, vient à son tour; Celle d'ut Sur la 3.e et la 1.er Ligne. Les Dames, et les jeunes Messieurs peuvent choisir, ou d'a=prendre les p.rs principes sur les clefs où je les ay fixez, et qui sont aux pages 4.5.8.9.10. 15.16. ou supposer la clé d'ut sur la 1.re Ligne avec un bemol sur Si, ce qui dône, Fa, Sol, la, Si, vt, re, mi, Fa, aux memes endroits de la portée, où la clef d'ut Sur la 4.e Ligne indique rélativement, vt, re, mi, fa, sol, la, si, vt. Dailleurs la clé de Fa Sur la 4.e Ligne, dont je me sers dez la pages 15.e assigne aux memes Lignes et aux memes espaces, les memes nominations que la clé d'ut Sur la p.re Ligne avec un bemol Sur Si. Ceux qui pretendent qu'il est inutile de Preparer les voyes à la nomination, l'intonation, la Mesure des Sons, par les Leçons qui sont aux pages 4.5.8.9.10. Comenceront par celles de la page. 15.e ou ces trois pratiques se trouvẽt melées ensemble tout à la Fois. C'est à la prudence de Messieurs les Maitres, à decider le=quel de ces deux chemins est le plus court, le plus facile, et le plus sur, par raport à leurs Eco=liers. On me reproche que ma Méthode est trop Détaillée et trop Raisonée. Je réponds 1.o que je ne Detaile et que je ne raisone point pour les vrays savans, ni pour les faux ou les demi sav. Les P.rs n'ont pas besoin de mes Explications raisonées; et J'ay bien prevu que les Seconds dédaigneroient de les lire pour sortir de leur ignorance, Sur un Art dont ils n'ont que des No=tions tres superficieles. Je ne raisone pas non plus pour les enfans, ni en un mot, pour tous ceux qui veulent etre Enseignez Machinalem.t Ceux ci n'ont besoin que de cette suite systema=tique, des Leçons pratiques que J'ay Composées pour eux. Et ils attendront, pour lire mes Expli=cations, le tems ou ils seront en etat de les entendre 2.o J'ay cru que les persones raisona=bles qui aprenent la Musique, me sauroient bon gré de leur avoir parlé Come à gens qui pen=sent; et qui veulent savoir la raison de ce qu'on leur fait pratiquer bien souvent Come à des purs automates. Je prens la liberté de Representer à Messieurs les Maitres que les persones qui aprenẽt la Musique pour jouer des jnstrum.ts Devroient comencer les principes, Sur la clé de l'instrum.t qu'ils ont en vüe, Ils Eviteroient par la, une grande partie des difficultez qu'ils trouvent quand ils vienent à S'exercer sur cet jnstrum.t Ils ne se plaindroient plus, qu'il leur faut un an de Musique et plus encor avant que d'aprendre à jouer de la Viole ou de la flûte &c.a La faute Jusqu'icy en est aux començans. Ils veulent passer, et passent rapidem.t de clé en clé, Ils demandent des Chansonettes des les p.rs jours; rien ne Se fixe. Tout S'entasse avec une Confusion Extraordinaire. Je ne Suis point étonné Si apres quelques mois ils abandonent avec dépit et la Musique et l'instrum.t Le bon Sens seul Suffit pour sentir que cette multitude de clefs et de transpositions, dont ils n'ont que faire po.r les jnstrum.s, ne Sert qu'à les jetter dans l'embarras, et à leur faire perdre leur tems. Ceux qui voudront bien Suivre mon Conseil, verront par Experience qu'apres un mois de Musique On peut S'exercer à jouer des jnstrumens, pourvu qu'on ne quite la clé qui leur est propre que lors quelle Sera devenüe familiere, Il faudroit donc que ceux qui ont envie, par Exemple, de joüer du Violon ou de la flûte allemande, Comenceassent la Musique par la Clef de Sol à la p.ere ou à la Seconde Ligne; qu'ils ne pensassent à aucune autre Clef; qu'ils n'a-prissent aucune Sorte de transposition; tout cela encore une fois Sont des Connoissances inutiles pour eux, et retardent jnfiniment les progres qu'ils feroient Sur ces jnstrumens.

PREFACE

Il m'a paru que la Méthode dont on se sert cõmunément pour enseigner la Musique n'est point assés exacte, ni assés détaillée. J'appelle Méthode la maniere facile, courte, sure d'enseigner une science, où quelque Art que ce soit.

Le bon sens nous prescrit, qu'il faut se servir de ce que connoist déja, celuy qu'on instruit pour luy apprendre ce qu'il ignore; Et que les connoissances doivent estre tellemt. enchainées, que le commencant puisse s'appuyer sur l'une, pour monter à l'autre. Ce qui ne manquera jamais d'arriver, si le Maitre pose tous les Degrés intermediaires, par les quels l'Ecolier doit passer.

Il est donc évident, qu'il faut commencer par une idée claire précise du sujet qu'on traite; faire ensuite des deffinitions exactes, et bien placées, des termes dont on doit se servir; Partager aprés, son sujet en autant de parties qu'il est nécéssaire, pour pouvoir parler de chacune dans son rang; Et le partager de façon que les divers membres, embrassent toute l'etenduë de la science qu'on enseigne; rendre raison de ce partage, ou le faire si naturel, qu'il se fasse sentir; montrer l'enchainement de ces divers membres; Conduire enfin un commencant de façon, qu'il sache toujours où il en est, combien il a gagné de terrain, et combien il luy en reste encore. C'est là, ce me semble, le moyen de mener au terme par des chemins faciles, courts et surs, celuy qu'on entreprend de guider.

Il n'est donc pas question de se forger des systêmes arbitraires, faux et embroüillés, quand on veut enseigner quelque science; mais de fixer avec attention, et d'étudier profondément celuy qui est tout fait, dans l'idée qui la represente; pour voir quelle en est la nature, quels en sont les divers membres, les distinctions, les liaisons, les notions primitives, les routes faciles; Et quand on a bien vû toutes ces choses, il faut les presenter à un commencant telles qu'elles sont; exposer à ses yeux à quoy elles se raportent, comme à leur centre; en luy faisant observer en même tems, qu'elles se trouvent rangées naturellement, dans l'ordre, qu'elles luy sont présentées. Par ce moyen, on luy facilite extremément l'intelligence de tout ce qu'on luy explique; on le met en état de ne le point oublier, et d'aller en suite tout seul, aussi loin qu'il voudra. Il me semble, que ces regles si sûres et si naturelles, ne sont pas communément suivies. On ramasse des principes mal conçus, et plus mal digérés encor; on les jette sur le papier, sans choix, sans systême, sans liaison, sans deffinition; on accable l'esprit d'une infinité de choses difficiles à comprendre; on embroüille si bien l'arrangement naturel, que les principes d'une science ont entr'eux, que les Lecteurs ne savent où prendre l'explication de ceux qu'il cherchent; un Ecolier enfin est ainsi mené par sauts et par bonds, sans savoir où, ni pourquoy, ni comment, et on luy parle sans cesse, comme s'il estoit déja bien savant, dans ce qu'on veut luy enseigner; on donne ensuite à tout ce cahos, le beau nom de Méthode.

Il ne faut pas estre surpris, si avec de tels guides on avance si peu; si l'on s'ennuyè, si l'on se fatigue, et si après tant de peine, on abandonne tout.

Il m'est venu dans l'esprit d'essayer, si je trouverois une maniere d'enseigner la Musique, qui eut toutes les qualités d'une Méthode, c'est au public à prononcer.

J'assure d'avance, que j'ay taché de prendre une route différente de celle, que je viens de condamner; loin de mettre les Ecoliers à ma place, je me suis mis à la leur, et m'y suis tenu autant que je l'ay pû, pour sentir et pour donner à des commencants tout le secours qui leur est nécessaire. Voicy le Plan que j'ay fixé, et qui m'a servy de guide.

Toute la Musique ne consiste qu'a Nommer, Entonner, Mesurer les Sons; il est donc évident, que tout ce qu'on peut dire sur cette science, se rapporte à l'un de ces trois Chefs. La Nomination est plus facile que l'Intonation; cette pratique ci est bien plus aisée que celle de la Mesure; Il faut donc (en consequence de ce plus ou moins de difficulté) commencer, par enseigner à nommer les Nottes, avant que d'en faire former les sons: aussi me dira-t-on, estce là ce que font tous les Maitres. Je conviens qu'il y en a plusieurs qui possedent parfaitement leur Art, et la maniere de le montrer; mais si tous les Maitres s'y prennent avec Méthode en enseignant les noms des Nottes, d'où vient donc que les Ecoliers qui ont de la pénetration, sont si longtems à apprendre une chose, qui est en soy si facile?

Il faut poursuivre par l'Intonation; à quoy un Ecolier est bien disposé, quand il sait sans héziter, les noms que les sons doivent avoir. Et ce n'est assurément pas l'entendre que d'ajouter d'abord la difficulté de mesurer les sons, (qui est une des plus grandes) à celle de les entonner, qui surement n'est pas petite.

Cet exercice de former les sons, ayant luy seul, plusieurs sortes de difficultés subordonnées, on doit faire suivre à un Ecolier l'arrangement naturel, qui se trouve entr'elles, j'en parleray en détail quand j'en seray là.

Quand un Ecolier est rompu sur l'Intonation des sons, il est tems d'en venir à les mesurer. Ce qui luy sera facile avec un peu d'application et d'usage, Et le Secours d'un Maitre; puis qu'il a déja, par la Nomination et par l'Intonation, toutes les avances nécessaires pour les mesurer.

Chacune de ces trois parties, Nommer, Entonner, Mesurer, a diverses nuances. Ces nuances sont de telle sorte, qu'elles ne peuvent estre mises immédiatement, les unes à la suite des autres, sans jetter de la confusion, et de l'embarras aux yeux et dans la teste d'un commencant. Je veux dire, Par exemple, qu'il ne faut pas luy expliquer de suite, tout ce qui doit estre scû, au sujet de la Nomination; Et que dès qu'il est assuré sur le nom des Nottes, pour le quel on ne consulte que la Clef, il doit passer à l'Intonation; et ne pas se fatiguer à dechiffrer le nom qu'ont les Nottes, en consultant la Clef et les Dieses ou les Bémols dont elles sont chargées.

La raison qu'on a de luy faire tenir cette route, est que cette connoissance Luy est a lors jnutile, pour parvenir à la pratique de l'Intonation; Et que d'ailleurs jl comprendra bien mieux, ce qu'on aura à Luy dire sur la transposition, lors qu'jl aura sçû Entonner les divers jntervales des sons. Les Maîtres entendent ce que je dis, et ceux qui ne le sont pas ne sauroient concevoir, ce que je pourois dire, pour prouver ce que j'avance.

Il en est de mesme des divers Chefs de difficultés, qui sont renfermés dans l'Intonation. Après qu'vn commencant a Sçû Entonner les jntervales des sons, que la seule Nomination jndique, jl faut qu'jl aprenne à Mesurer ces mêmes jntervales. Ce seroit l'amuser et l'étourdir, que d'essayer alors de Luy faire former ceux, qui ne deviennent ce qu'jls sont, que par le changement qu'aporte un Diese ou un Bémol. La raison encore une fois, est qu'jl peut se passer de cette connoissance pour la pratique de la Mesure; puisque dans les Leçons qu'on donne alors à Mesurer, jl n'est pas, ou du moins jl ne doit pas estre question, de former ces sortes d'jntervales D'ailleurs un Ecolier ne sauroit trop tost, voir avec Méthode le raport et l'assemblage de toutes les parties fondamentales de l'exécution; d'autant que la seconde arreste, et fixe ce qu'jl sait de la premiere. Ce que fait la troisieme à l'égard des deux précédentes. Enfin l'Art d'enseigner les Sciences, qui consistent en beaucoup de pratique, c'est de mesler les connoissances à l'usage et l'usage aux connoissances; Celles-cy preparant les voyes à celuy là, qui à son tour ouvre l'Esprit, et jette un grand jour sur ces notions préliminaires.

J'ay donc divisé ce que j'avois à dire sur la Nomination, l'Intonation, et la Mesure des sons, en autant de chapitres, que j'ay apperçû de sortes de difficultés. J'ay expliqué d'abord, et j'ay raproché ce qu'jl y a de plus facile, et de plus essentiel à concevoir, et à reduire en pratique, sur la Nomination, l'Intonation, et la Mesure des sons; Et j'ay remis à parler de ce que chacune de ces parties fondamentales ont de plus difficile; en leur donnant à leur tour le mesme arrangement naturel de Nomination, d'Intonation et de Mesure. Ainsi les connoissances et les pratiques les plus aisées de chacune de ces trois parties, sont expliquées dans la premiere section; celles qui le sont moins, dans la deuxieme; Et ce que ces trois parties ont de plus difficile, ou qui ne se peut bien entendre, qu'après avoir Sçû ce qui est dit dans la deuxieme, est renvoyé à la troisieme.

La Nomination est donc partagée en trois chapitres 1.° La Nomination jndiquée par la seule Clef. 2.° La Nomination jndiquée par la Clef conjointement avec la Transposit.n 3.° Le rapport des noms qui resulte des différentes Clefs au naturel, comparées avec celles qui sont chargées de Bemols ou de Dieses.

Je dois advertir jcy ceux qui liront cette Méthode, que ce que je dis sur la Nomination jndiquée par la Clef n'est rélatif qu'à la maniere dont jl falloit s'y prendre, jl y a quelque tems, pour déchiffrer le nom des Nottes; Et ce n'a esté qu'en Vüe d'en donner quelque connoissance à ceux, entre les mains de qui les Méthodes d'autrefois pourroient tomber. J'explique tout de suite, La maniere beaucoup plus courte, et plus aisée dont on se sert à present.

L'Intonation est partagée en quatre chapitres 1.° l'Intonation indiquée par la seule Nomination. 2.° l'Intonation indiquée par la Nomination a la quelle on joint un Bémol ou un Diese. 3.° L'Intonation indiquée par les agréments. 4.° L'Intonation qui a rapport à ce qu'on appelle Modes; où je fais remarquer, en passant, Le rapport de sons qu'indiquent les differentes Clefs

La Mesure des sons, est partagée en trois chapitres. Dans le Premier, il n'est question que de celle qui se bat a quatre tems; Dans le Second, je parle de toutes les autres; Et dans le Troisieme, j'aprens qu'elles sont les Mésures, qui conviennent aux divers caracteres de chant.

La raison du premier partage est, que la Mesure a quatre tems, est une de celles où la durée des sons se regle le plus facilement, et qu'elle est comme la Mesure-mere de toutes les autres, comme je le montreray dans son lieu.

Et par-ce que quelques uns de ces divers Chefs de difficulté, en renferment plusieurs autres, je les divise en autant d'articles qu'il est necessaire.

Dans ces Articles là mesme, je sépare toutes les pratiques; en sorte que chacune d'elles est icy réellement réduite a l'unité et indivisible. Enfin depuis le commencement jusques à la fin, tout est Lié, tout est nuancé d'une maniere si insensible, que l'on passe d'une difficulté a l'autre, sans presque s'appercevoir d'aucune résistance.

J'ay eu soin dans toutes les rencontres, d'expliquer la maniere dont je pense, qu'il faut s'y prendre pour surmonter les difficultés. Mon dessein a esté, de satisfaire le désir qu'ont bien des personnes, d'apprendre la Musique; Et de leur en aplanir le chemin, autant que je l'ay pû. Peut-estre aussi, que cet ouvrage sera utile aux Maîtres, qui n'ont pas eu assés de loisir, pour se faire une Méthode meilleure, que celle dont ils se servent. C'est là le Plan que j'ay suivy, et le But que j'ay eu. On en saisira beaucoup mieux le systême, en jettant les yeux sur les explications préliminaires des divers Chefs de difficultés, et sur la Suite des Titres qu'on va voir dans la Table.

J'aurois encore bien des choses à dire, pour montrer en détail l'arrangement, que je donne à ma Méthode; et pour rendre raison des pratiques, que je condamne; Mais j'ay esté bien aise d'en laisser Le jugement au Public, qui pourra en décider sur les differentes explications, qui sont repanduës dans le corps de cet ouvrage, et qui doivent estre regardées comme une continuation de cette Preface; mais qui ne pouvoient devenir intelligibles à tout le monde, que dans les endroits où elles sont placées.

Je prie ceux qui liront cet ouvrage, de ne prononcer sur la verité de ce que je dis, et sur le fruit que l'on peut tirer en suivant le systême que j'expose, qu'après en avoir fait usage, c'est presque l'unique maniere de juger sainement d'une science, qui ne consiste guere que dans la pratique. Ce qui fait de la peine aux Auteurs, c'est que, dès qu'un

Ouvrage paroist, chacun s'érige en juge; Les ignorans comme les sçavans croyent avoir ce droit. Le mal est, que ceux-là ne peuvent décider qu'en aveugles; et ceux-cy n'ont quelquefois d'autre regle à consulter, que leur goût particulier, et leurs idées accoutumées: Le moyen de plaire à de tels juges?

On trouvera à la fin de la Méthode, des discours en forme de Dissertations sur quelques difficultés de la Musique. Ils avoient d'abord esté arrangés dans le corps de l'Ouvrage; mais on m'a fait appercevoir que la plus part des Lecteurs, n'aiment point à s'appliquer à ce qui ne regarde, que la Spéculation; et que ceux qui se plaisent à approfondir un peu les Principes, seront bien aises de trouver rassemblées, les reflections que j'ay faites sur cela. Ainsi pour épargner de l'ennuy aux premiers, et satisfaire le desir des seconds, j'ay suivy le Conseil qu'on m'a donné. Ces discours ont le mesme arrangement qu'on verra dans la Méthode; Les premiers sont sur la Nomination; ceux qui concernent l'Intonation viennent après; Les derniers enfin traittent des difficultés de la Mesure.

J'auray soin de mettre des Chiffres Relatifs, aux pages où je parle plus en Detail des memes choses, et où J'explique la signification des signes, dont je fais usage. Car est-il toujours possible, d'arranger si bien sa Matiere qu'on n'en Employe jamais aucun sans en avoir donné auparavant une Explication parfaite?

Ceux qui ne voudront pas Savoir ce que je répons aux objections qu'on pourroit me faire n'auront qu'à passer Les endroits qu'ils verront renfermés entre des doubles virgules.

Au reste, Je pense qu'une Méthode de Musique ne doit pas être simplement un repertoire de tout ce qui regarde L'exécution; Mais qu'il faut qu'elle mette bien avant sur les voyes, et qu'elle donne les moyens faciles et Surs d'arriver au Terme.

Table

des Matieres contenuës dans ce Traité, rangées dans l'ordre que l'on a cru devoir suivre. Par les Raisons exposées dans la Préface.

DÉFINITIONS
des Termes de la Musique.

La Musique est l'Art de former et de mesurer des Sons avec agrément.

Elle se divise en composition, et en Exécution. La Composition est la recherche d'une agréable Suite de Sons, et l'Art de les faire accorder ensemble; En Sorte que leur assemblage sonnant à la fois, plaise a l'oreille.

L'Execution est l'Art d'exprimer par la Voix, la Composition faite. Pour y parvenir il faut avoir la connoissance des Degrés, des Clefs, de l'Intonation, des Nottes, des Mesures, des Poses. C'est ce qu'on apelle Savoir la Gamme.

1.° La Gamme, est l'ordre et l'assemblage des Degrés, E-Si-mi, D-la-re, &c.

2.° Les Degrés, Sont des Monosyllabes qui désignent les Sons, il y en a Sept, Tels qu'ils Sont écrits dans cette Table.

Les Lettres de l'Alphabet, qui Sont a la teste des Degrés, Servent à les caracteriser. Sans cette marque l'ut, par Exemple, du premier Degré d'enbas, ne Seroit pas assés distingué, de l'ut du cinquieme; on pourroit aussi confondre le premier Degré, par Ex: encore, avec ce qu'on appelle l'Intervale d'ut-fa. l'Equivoque est ostée en disant F-ut-fa, G-re-Sol. &c.

Les Sept Degrés de la Musique	Colomne de Bémol	Colomne de Bécare
E	Si	mi.
D	la	re.
C	Sol	ut.
B	fa	si.
A	mi	la.
G	re	Sol.
F	ut	fa.

Chacun de ces Degrés est composé de deux Monosyllabes qui se partagent en deux Colomne.

3.° Colomne, est une Suite de Monosyllabes, composée de chaque moitié de Degré, de la quelle on se Sert pour l'Intonation; il y en a deux comme on le voit. La Colomne de Bémol et la Colomne de Bécare.

4.° L'Intonation est L'Art d'exprimer les differents intervales des Sons.

5.° Les Intervales des Sons, Sont les differences, les éloignemens qui se trouvent entre deux Sons. Il y en a de plusieurs sortes, ce n'est pas icy le lieu d'en parler.

6.° Les Modificatifs, Sont des figures qui désignent d'abaisser ou d'élever le Son qu'on donne d'ordinaire à telle ou telle Notte; Il y en a trois, L'un S'appelle le Diese, dont Voicy le Signe ✱. L'autre le Bémol, qui S'écrit ainsi ♭; Et le troisieme le Bécare que Voila ♮. Le premier, ✱, Signiffie qu'il faut élever le Son, un demi-ton plus haut qu'a l'ordinaire; Le Second, ♭, qu'il faut le baisser, d'un demi-ton plus bas qu'a l'ordinaire; Et le troisieme, ♮, designe qu'il faut remettre la Notte dans le Son ordinaire.

7.° Les Nottes, Sont des Figures mises sur les Lignes, et dans les espaces de la Portée pour désigner quels Sons, il S'agit d'exprimer, et pour déterminer la durée qu'elles doivent avoir dans la Mesure. Il y en a cinq principales, la Ronde O. la Blanche. la Noire. la Croche. la Double croche.

8.° La Portée, est l'assemblage de cinq Lignes paralelles, les voilà

9.° La Clef, est une Figure qui porte le nom d'un Degré, et qu'on met Sur une Ligne de la Portée, pour luy donner le nom de ce Degré, et faire connoistre par là, la place qu'ont tous les autres sur les Lignes et les Espaces de cette Portée, en suivant l'ordre qu'ils ont dans la Gamme.

10.° Il y a trois Clefs. La Clef de F-ut-fa, la quelle se marque ainsi ; La Clef de C-Sol-ut, qui se marque ainsi ; La Clef de G-re-Sol, la quelle se marque ainsi .

Outre ce premier Usage que les Musiciens font des Clefs, elles en ont encor un autre (et voicy pourquoy, il y en a de plusieurs figures) Elles désignent les differentes Especes de Voix, le Concordant, la Taille, la haute-contre, le Dessus. Le Concordant, est la Voix de ces hommes, de la quelle le Son est le plus bas et le plus rempli, la Clef de F-ut-fa leur a esté assigné à la 3.e ou 4.e Ligne. La Taille est la Voix de ces hommes, de la quelle le Son ne creuse pas si bas, mais s'éleve plus haut de deux à trois tons pleins ; La Clef de C-Sol-ut leur a esté assignée, mise à la 4.e ligne. La haute-contre, est la Voix de ces hommes, de la quelle le Son est encor moins bas, mais qui monte deux ou trois tons plus haut que la Taille ; La Clef de C-Sol-ut à la 3.e Ligne leur a este assignée. Le Dessus est la Voix des Femmes et des Enfans, la quelle est naturellement élevée d'une octave, au dessus de toutes les autres ; on leur a assigné, ou la Clef de C-Sol-ut à la premiere Ligne, ou la Clef de G-re-Sol a la 2.e Quelques unes de ces Voix se divisent encore en deux, selon leur plus ou leur moins d'étenduë. On distingue, par Exemple, le Dessus, en premier et second Dessus

11.° Les Mesures, sont des mouvemens égaux de la main, qui réglent la durée des Nottes, j'en parleray en détail quand il en sera tems.

12.° Les Poses, sont des Signes, qui indiquent combien de tems, il faut rester dans le silence. je montreray leurs Figures et leur signiffication lors qu'il le faudra.

Premiere Section.

Où l'on explique ce qu'il y à de plus facile à savoir et à pratiquer dans la Nomination, l'Intonation et la Mesure des Sons ; Et où l'on prepare les voyes à ce qu'on doit dire de plus difficile sur les mesmes matieres dans la Section suivante.

Chapitre Premier.

De la Nomination indiquée par la seule Clef.

Article Premier.

Explication qui prépare a la Nomination indiquée par la seule Clef.

Chaque Notte que les Musiciens placent ou sur les Lignes, ou dans les Espaces de la Portée, prend un nom particulier de Ut, de re, &c qui luy est assigné par la Clef, Voicy comment. Les Musiciens posent une des trois Clefs sur une des Lignes de la Portée, et donnent à cette Ligne le nom de la Clef. Par Exemple, Je suppose que la Clef de G-re-Sol soit placée sur la Second Ligne ; C'est cette Seconde Ligne qu'ils nomment la Ligne ou le Degré de G-re-Sol ; Chacune des autres Lignes, et chacun des Espaces reçoit en suite le nom d'un Degré de la Gamme, selon l'éloignement qu'ils ont avec celle où est la Clef, soit en montant ou descendant ; or c'est monter que de dire F-ut-fa, G-re-Sol &c. ou, ut, re, mi, fa, Sol, la, si, ut. C'est descendre que de dire E-si-mi, D-la-re, &c. ou ut, si, la, sol, fa, mi, re, ut. Ainsi, si l'on veut savoir, comment s'appellera tel Espace ou telle Ligne 1.° Il faut d'abord voir quelle est la Ligne, sur la quelle la

Clef se trouve. 2.° Voir si cet Espace ou cette Ligne, dont on veut savoir le nom, descend ou monte par raport à la Ligne de la Clef. 3.° Examiner l'éloignement de la Ligne où est la Clef, à l'Espace ou à la Ligne dont on cherche le nom.

Après quoy, reciter la Gamme en montant ou en descendant, en donnant à chaque Espace ou Ligne qu'on trouve sur son chemin, le nom d'un Degré, selon l'ordre qu'ils ont dans la Gamme, jusqu'à ce qu'on soit arrivé à l'Espace proposé, Et le Degré qu'on nomme dessus, est justement le nom qu'il doit avoir. Exemple. Fa

La premiere figure que l'on voit sur la Portée, est la Clef de G-re-sol, qui donne (suivant ce qui vient d'estre dit) son nom à la Ligne sur la quelle elle est placée, Or elle l'est sur la seconde d'enbas, bientost je l'expliqueray; donc la seconde Ligne d'enbas s'appelle G-re-sol. L'Espace dans le quel est la Notte, suit jmmédiatem.t en descendant la Ligne appellée G-re-sol; Donc cet Espace doit se nommer F-vt-fa; puis qu'jmmédiatement après G-re-sol, en descendant, suit le Degré de F-vt-fa, de mesme qu'après la seconde Ligne suit jmmédiatement l'Espace dont il s'agit.

Il n'y a plus qu'vn pas à faire pour savoir le nom de la Notte, qui est dans l'Exemple cité; Car elle a le même nom, que l'Espace dans le quel elle est posée; Cet Espace s'appelle F-vt-fa, il faudroit donc, ce semble, la nommer F-vt-fa; Mais la Notte ne prend jamais pour soy, qu'vne des Monosyllabes du Degré où elle est, ainsi de F-vt-fa, elle n'a que l'vt ou le fa; Quel donc prendra-t-elle de ces deux? Ce sera vt, pourvû qu'jmmédiatement après la Clef, on trouve cette figure ♭ qui désigne la Colomne de Bémol; Et la Notte se nommera fa, quand le ♭ ne sera point jmmédiatement après la Clef; or il n'y en a point dans l'Exemple cité; donc cette Notte doit se nommer fa. Quand on donne aux Nottes les noms des premiéres Monosyllabes des Degrés, cela s'appelle chanter par Bémol; Et lors que les Nottes portent le nom des secondes Monosyllabes de ces Degrés, on dit qu'on chante par Bécare.

On a aujourd'huy vne voye beaucoup plus courte et plus aisée. On a retranché tout cet atirail de Termes jnutiles, qui ne servoient qu'à rendre la Nomination plus difficile à dechiffrer. Il n'est plus question de Gamme; de Colomnes de Bémol et de Bécare; de Degrés d'E-si-mi, de D-la-re, de C-sol-vt &c. ni de Clefs de C-sol-vt, de G-re-sol, ou de F-vt-fa. Quand on sait la suite constante de ces Monosyllabes Vt, re, mi, fa, sol, la, si, vt, Et qu'après vt, par Exemple vient toujours re, par Degrés-conjoints; Qu'après re, suit constamment mi, &c. Quand on sait enfin qu'il y a trois Clefs, celle d'vt 𝄡, celle de Sol 𝄞, celle de Fa 𝄢, Et que la Clef donne son nom à la Ligne, sur la quelle elle se trouve, et par consequent à la Notte qui y seroit placée, Qu'a-t-on à faire pour deviner les noms des Nottes, que de leur donner celuy qui leur tombera, selon l'éloignement qu'elles ont, de celle qui est placée sur la Ligne de la Clef.

Il n'est plus question, que de savoir à quoy on connoist la position de la Clef, et de la Notte.

Quoy que les Clefs atteignent du haut en bas de la Portée; cependant elles ne Sont censées mises, que Sur la Ligne qui les coupent dans un certain endroit.

Cet Endroit, est (à l'égard de la Clef de ut) Entre les deux Especes de quarrés qui sont attachés aux Lignes perpendiculaires de la Clef. Voila la Clef d'ut; on voit que l'entre-deux des quarrés, Vis à vis des quels se trouvent A et B. est coupé par la 3.e Ligne; c'est donc sur la 3.e Ligne qu'est posée cette Clef; Or cette Ligne doit avoir le Nom de cette Clef; elle s'appellera donc ut.

Cet Endroit (a l'esgard de la Clef de Sol) est a peuprès le milieu du Trait circulaire d'en bas Vous voyez deux Traits circulaires dans cet Exemple, l'un en haut, près du quel est A; l'autre en bas, près du quel est B; c'est ce dernier trait qui décide de la position de la Clef; C'est sur la Ligne qui le coupe par le milieu: Or ce trait est coupé par la Seconde Ligne d'en bas. Cette Ligne se nommera donc la Ligne, ou le Degré de Sol.

Cet Endroit à l'égard de la Clef de Fa, est entre les deux points qui Suivent cette Clef; ainsi dans cet Exemple La Clef est posée Sur la troisieme Ligne. A l'égard de la Notte, elle n'est censée placée que Sur la Ligne qui en coupe la teste; ou dans l'espace où cette teste se trouve. La P.re notte est donc Sur la 3.e Ligne, et la 2.e dans l'espace au dessus.

Quand on est rompu sur le nom des Lignes et des Espaces, il en faut venir à la Nomination des Nottes; commencer par celles qui Sont en Degrés conjoints (je veux dire, par celles qui sont Sur des Lignes qui Suivent immédiatement les Espaces; Et sur des Espaces qui Suivent immédiatement des Lignes) depuis l'endroit ou se trouve ut, jusqu'a un autre ut. S'exercer en suite à nommer les Nottes qui Sont en Degrés-disjoints, C'est à dire en Degrés qui ne Se Suivent pas immédiatement, comme ut-mi, ou ut-fa. &c.

C'est ainsi qu'on passe du facile à ce qui l'est moins, sans presque avoir besoin d'aide. Voicy un Exemple de l'ordre que je viens d'indiquer, pour S'exercer à la Nomination des Nottes. Comme il n'est icy question que de la Nomination, Et non de la Mesure des Sons, je n'employe d'autres Nottes que les Rondes. O.

Je me Suis Servi de la Clef de C Sol ut, à la quatrieme Ligne pour les Commençans; par ce qu'elle est fort commode pour indiquer Sans Transposition, ut, re, mi &c Et Sans Sortir de l'Enceinte de la Portée.

Article Second.

Leçons, où l'on S'exerce à la Nomination des Sons en Secondes, Tierces, Quartes, Quintes, Sixtes Septiémes et Octaves. Page 8 et 9.

P.re Leçon, où l'on S'exerce à la Nomination des Nottes en Degrés-conjoints, comme à celle qui est la plus facile.

ut si la sol fa mi re ut

ut re mi fa sol la si ut ut si la

sol fa mi re ut

2.e Leçon. où l'on s'exerce à la Nomination des Tierces, Quartes, &c. à chacune des quelles on est conduit par les Degrés-conjoints qui les précèdent toujours immédiatement, et par là on est préparé à la Nomination des cinq Leçons qui suivront celle cy.
fa mi re ut
ut re mi ut mi ut re mi fa ut fa ut re mi fa sol ut sol ut re mi fa sol la ut la.
Suite.
ut re mi fa sol la si ut si ut re mi fa sol la si ut ut ut ut si la, ut la. ut si la sol, ut sol.
Suite.
ut si la sol fa ut fa ut si la sol fa mi, ut mi ut si la sol fa mi re ut re ut si la sol fa mi re ut, ut ut
3.e Leçon. Nomination des Tierces.
fa mi re ut
ut mi re fa mi sol fa la sol si la ut ut la si sol la fa sol mi fa re mi ut.
4.e Leçon. Nomination des Quartes.
fa mi re ut
ut fa re sol mi la fa si sol ut ut sol si fa la mi fa re fa ut.
5.e Leçon. Nomination des Quintes.
6.e Leçon. Nomination des Sixtes
fa mi re ut
ut sol re la mi si fa ut ut fa si mi la re sol ut.
ut la re si mi ut ut mi si re la ut.
7.e Leçon. Nomination des Septiemes.
8.e Leçon. Nominat.on des Octaves.
fa mi re ut
ut si re ut mi re re mi ut re si ut
ut ut re re re re ut ut.
9.e Leçon. préparation à la Nomination des Nottes qui descendent plus bas que la Portée.
ut si la, ut la. ut si la sol, ut sol. ut si la sol fa, ut fa. ut si la sol fa mi, ut mi.
fa mi re ut
10.e Leçon. But de la Leçon précédente.
ut, la. ut, sol. ut, fa. ut, mi. mi, sol. mi, la. mi, si. mi, ut.
fa mi re ut
11.e Leçon. préparation à la Nomination des Nottes qui montent plus haut que la Portée.
fa sol la si ut
ut re mi, ut mi. ut re mi fa, ut fa. ut re mi fa sol, ut sol. ut re mi fa sol la, ut la.
12.e Leçon. But de la Leçon précédente.
fa sol la si ut
ut, mi. ut, fa. ut, sol. ut, la. la, fa. la, mi. la, re. la, ut.

Ce ne sont là que des occasions a s'exercer a la Nomination, et nullement a l'Intonation des Nottes; Mais jl ne faut pas se contenter de s'y exercer sur ces Leçons; jl est encore tres Utile de le faire, sur toutes celles qu'jl s'agira de chanter, et d'en repasser si souvent les Nominations avant que d'en former les Sons, qu'on n'hézite dans nul endroit. faute de cette préparation, un Commenceant se trouve si embarrassé et par les Nominations, et par les Sons qu'jl ne peut savoir ce qu'jl fait, n'y a légard de l'un n'y a legard de l'autre.

Il me paroist, qu'en Voilà bien assés, pour ce qui regarde la Nomination, jndiquée par la seule Clef.

Je Viens a la seconde Pratique nécessaire pour chanter un Air; c'est d'entonner.

Chapitre deuxieme.

De L'Intonation des Sons, jndiquée par les Seules Nominations; j'entends, par les Nominations où jl n'y a, ni Bémols ni Dieses.

Article Premier

Signes des Sons de la Musique.

Ces Signes sont d'abord, les divers Espaces, et les diverses Lignes de la Portée la q.lle désigne en general, qu'jl faut élever la Voix en allant de bas en haut, et la baisser lors qu'on descend de haut en bas. Ces Signes sont assés naturels; mais jl ne suffisoient pas. On a donc jnventé des Figures, qu'on appelle des Nottes, les Voilà O, P, ... Leur employ, est de désigner, par les divers arrangemens qu'on leur donne sur la Portée, les Combinaisons jnfinies que les Sons peuvent avoir; Et en marquer aussi les divers Degrés d'Elévation et d'abaissement, par les noms qu'elles reçoivent sur les Lignes, et dans les Espaces de cette Portée.

Mais pour bien saisir tout cecy, Et pour en avoir des jdées précises; Il faut savoir qu'jl y a deux Sons, qui sans estre les mêmes, ont cependant une telle affinité, et frapent l'Oreille, avec je ne say quelle jnegalité egale, et quelle nombreuse Unité, qu'ils semblent se perdre l'un dans l'autre, lors qu'on les fait sonner ensemble sur un jnstrument bien accordé: L'un de ces Sons s'appelle l'octave de l'autre, Et sont désignés par le même nom donné à deux Nottes, placées l'une en bas, et l'autre en haut de la Portée; On le voit dans cet exemple. Surquoy jl faut remarquer, qu'après avoir formé les Sons désignés par ut, re, mi, fa, sol, la, si. tous les autres que l'on peut faire en montant, ne sont plus que les Octaves de ces Sept premiers, par ce qu'jl y a autant de changemens de Sons à faire pour monter, peu à peu, par exemple, de re-B à re-2 qu'jl y en a, de l'ut d'en bas, à celuy d'en haut, comme on l'expliquera bien tost. jl est facile de conclure, que deux Sons en octave, renferment, comme dans leur enceinte, toutes les combinaisons et les proportions, qu'jl peut y avoir dans les Sons; puis qu'jl n'y a entre eux, qu'une revolution periodique; Et qu'jl suffit par consequent, d'observer les divers Degrés d'Elévation, par lesquels on peut monter; comme pas à pas, d'un Son à son octave.

Article deuxieme:

Analyse des Sons-jntermédiaires, entre les deux qui sont en Octave.

Les Sons qui peuvent se former, depuis l'un de ces deux, jusques à l'autre, sont ou insensibles ou Sensibles.

Les insensibles sont ceux que l'oreille ne distingue point quoy qu'ils puissent se faire actuellement. Ce qui ne doit pas surprendre, puisque les yeux à leur tour, ne sont point assés perçants pour apercevoir bien des objets tres proches; On sait cependant qu'ils existent, par le secours des Microscopes.

Les changements Sensibles, sont ceux que l'oreille peut distinguer. De ceux-cy, les hommes en ont determiné un, pour estre comme la mesure de tous les autres, par l'addition qu'on en feroit où que l'on concevroit en estre faite.

Qu'on conçoive un Instrument de Musique à une seule corde; l'experience nous apprend qu'à mesure qu'on tend cette corde en appuyant le doigt, plus on avance depuis les chevilles vers le chevalet, plus les Sons qui sont rendus, deviennent aigus. On voit par là, que l'étendue de la corde, pouvant se diviser a l'infini, on peut former une suite de Sons, qui ne parviendront point jusques aux oreilles, a les prendre un à un. Voilà qui prouve, qu'il peut y avoir des Sons insensibles. On voit encor, par cet exemple, que cette corde pouvant estre divisée en des parties égales, et assés larges, pour que les changements des Sons se fissent sentir, on peut (en avanceant ainsi par degaux changements de Sons) en former un, qui sera aussi élevé, que tel qui auroit esté d'abord fait sans ce progres successif. Voilà comme il faut entendre ce que j'ay dit, qu'en adjoutant ou concevant repetté le Changement de Son, pris pour mesure des autres on parvenoit à former un Son, égal a un autre quelconque; car il ne faut pas s'imaginer, que par ces additions, j'entende, qu'un Son s'enfle, pour ainsi dire, et devienne comme composé de plusieurs autres Sons.

Mais par ce que cet intervale n'est pas assés Sensible, on ne l'employe jamais dans la pratique, lors mesme qu'il s'agit d'aller comme pas à pas, d'un Son a l'autre. Ce qui n'empeche point, qu'il ne soit la Vraye Mesure des autres. Car comme pour mesurer les longueurs, on se sert d'un Pied, contenant une certaine quantité de Lignes et de Points; de mesme pour passer d'un Son à un autre, on se sert des changements de Sons, qui renferment plusieurs fois, celuy que les hommes conçoivent comme le plus petit, Et qu'ils appellent Coma.

Il y a de ces changements qui renferment cinq Coma, C'est a dire que pour y atteindre en procédant Coma à Coma, il faudroit passer par cinq Coma; C'est ce qu'on a nommé demi-ton-majeur. Il y en a d'autres qui renferment neuf Coma; Et ceux-cy sont appellés Tons-pleins.

Voyons à present quel est l'ordre, que les Hommes ont établis entre ces Tons et ces demi-tons, pour aller d'un Son à son octave, et passant par tous les changements intermédiaires usuels. Cet ordre est designé par la suite invariable de ces Monosyllabes Ut, re, mi, fa, Sol, la, Si, Ut: Le changement d'ut à re, est d'un Ton; Celuy de re à mi, est aussi d'un Ton; de mi à fa, il y a un demi-ton-majeur; de fa à Sol, un Ton. de Sol à la, un Ton; de la à Si, un Ton; Et de Si à ut, un demi-ton-majeur: En sorte que pour aller d'un Son à celuy de son octave, sans omettre aucun intermediaire-usuel, Il faut former cinq Tons pleins, entre melés de deux demi-tons-majeurs, dont je viens de designer la place.

Mais quoy que ces demi-tons-majeurs, ayent toujours le même arrengement dans Ut, re, mi, fa, Sol, la, Si, Ut; Cependant ils ne sont pas toujours à la même distance du Son d'où l'on par, pour monter à l'Octave. Si je commence par mi par Exemple j'ay d'abord un demi-ton-majeur à former, depuis ce Son à celuy que désigne fa; je procede donc par un demi-ton; au lieu qu'en débutant par ut, j'ay un Ton à faire pour arriver à re; de re, un Ton pour aller à mi; Et de mi pour aller au fa, un demi-ton-majeur: ainsi le demi-ton est icy, bien plus loin du début, qu'il ne l'est en procedant par mi fa &c.

Article Troisieme.

Ordre qu'il faut tenir pour enseigner l'Intonation.

Le Passage d'un Son à l'autre est facile, à proportion de leur proximité. C'est l'experience. Or les Sons en Degrés-conjoints, designés par cette Suite Ut, re, mi, fa, Sol, la, Si, Ut, Sont les moins éloignés l'un de l'autre; Ce Sera donc par là qu'il faudra commencer d'apprendre l'Intonation, en écoutant attentivement, ou le Maitre ou l'Instrument qui conduit. C'est icy le fond de toute l'Intonation, et par consequent de toute la Musique. Celuy qui sait entonner ces premiers intervales, peut se promettre d'exécuter un jour, ce que l'intonation a de plus Scabreux: Car les Leçons qui suivront cette premiere, ne contiennent que les diverses combinaisons des Sons de celle cy: Comme toute la Musique possible ne peut estre composée que des divers arrengemens de ces premieres Leçons; aussi ne sauroit-on les enseigner avec trop de Méthode; ni trop les dépoüiller, chacune en particulier, de toute difficulté composée.

Ce Seroit s'y prendre tres-mal, que de faire mesurer à un Commenceant, des Sons dont il ne sait point encor entôner les intervales; ou sur les quels il est encor tout vacilant. On doit bien sentir, que son Esprit, tout occupé de battre la Mesure, d'y regler la durée des Sons, ne pourroit s'appliquer à l'intonation, de la quelle seule cependant, il doit estre question dans les commencemens; Eh comment encore une fois, mesurer des Sons, qu'on ne sait pas encor former?

Il faut donc que les Nottes soient toutes de la même, et d'une longue durée, telle qu'est celle que désignent les Rondes o.

Cette premiere Leçon doit estre suivie d'une autre moins facile mais d'un seule Degré, pour que la premiere soit une préparation a la Seconde, ce qui arrive lors que celle-ci ne renferme que la même difficulté, à la quelle on en a joint une autre seulement et de la même espece; Or il s'agit icy des difficultés de l'Intonation, il est donc évident que l'unique qui doit suivre, apres celle d'entonner les Sons qui se suivent immédiatement, c'est l'intonation de deux Sons entre les quels on en laisse un d'intermédiaire, C'est ce qu'on nomme les Tierces. Encore faut-il y estre amené, comme avec la main, par les Degrés-conjoints, avant que de franchir le Son-intermédiaire, en voila un Exemple.

2.re Leçon: ou l'on s'exerce à l'intonation des Nottes, qui sont en Tierces en y montant d'abord par Degrés conjoints.

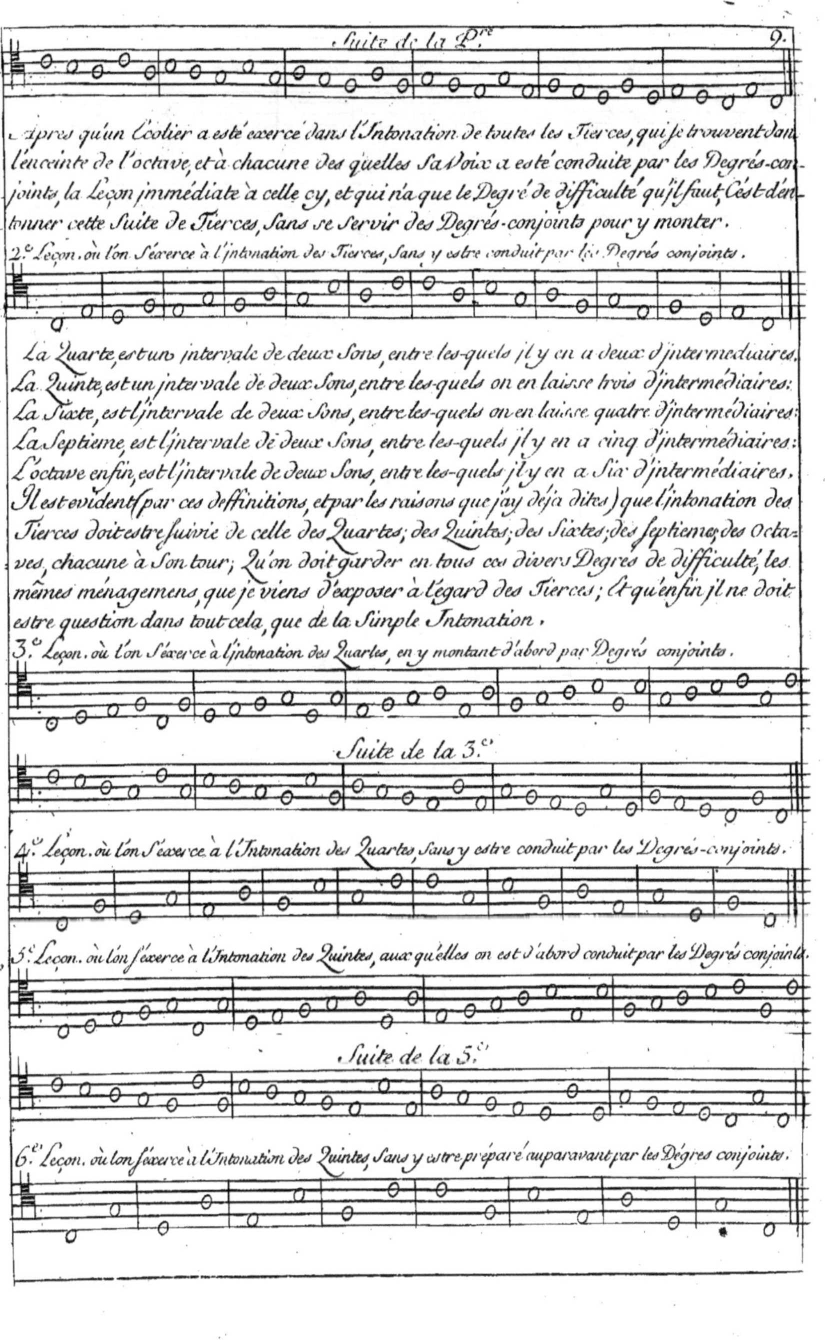
Suite de la 1.re
9.
Apres qu'un Ecolier a esté exercé dans l'Jntonation de toutes les Tierces, qui se trouvent dans l'enceinte de l'octave, et à chacune des quelles sa Voix a esté conduite par les Degrés-conjoints, la Leçon jmmédiate à celle cy, et qui n'a que le Degré de difficulté qu'jl faut, C'est d'entonner cette suite de Tierces, sans se servir des Degrés-conjoints pour y monter.
2.e Leçon. où l'on s'exerce à l'jntonation des Tierces, sans y estre conduit par les Degrés conjoints.
La Quarte, est un jntervale de deux Sons, entre les-quels jl y en a deux d'jntermediaires. La Quinte, est un jntervale de deux Sons, entre les-quels on en laisse trois d'jntermédiaires: La Sixte, est l'jntervale de deux Sons, entre les-quels on en laisse quatre d'jntermédiaires: La Septieme, est l'jntervale de deux Sons, entre les-quels jl y en a cinq d'jntermédiaires: L'octave enfin, est l'jntervale de deux Sons, entre les-quels jl y en a six d'jntermédiaires. Il est evident (par ces deffinitions, et par les raisons que j'ay déja dites) que l'jntonation des Tierces doit estre suivie de celle des Quartes; des Quintes; des Sixtes; des Septiemes; des Octaves, chacune à son tour; Qu'on doit garder en tous ces divers Degrés de difficulté, les mêmes ménagemens, que je viens d'exposer à l'égard des Tierces; Et qu'enfin jl ne doit estre question dans tout cela, que de la simple Jntonation.
3.e Leçon. où l'on s'exerce à l'jntonation des Quartes, en y montant d'abord par Degrés conjoints.
Suite de la 3.e
4.e Leçon. où l'on s'exerce à l'Jntonation des Quartes, sans y estre conduit par les Degrés-conjoints.
5.e Leçon. où l'on s'exerce à l'Jntonation des Quintes, aux quelles on est d'abord conduit par les Degrés conjoints.
Suite de la 5.e
6.e Leçon. où l'on s'exerce à l'Jntonation des Quintes, sans y estre préparé auparavant par les Dégres conjoints.

Chapitre Troisieme

De la mesure des Sons, indiquée par celle qui est une des plus facile à suivre et qui est en même têms comme la Mesure mere des autres.

Article Premier

Ce que c'est que la Mesure en general. De la Mesure a quatre têms. Distinction de deux parties dans le Tems.

Je l'ay déja dit, La Mesure est une suite, et un nombre déterminé de Mouvem.ts, faits ou supposés faits avec la main, ou le pied; sur les quels on régle la durée, que doivent avoir les Sons. Point de Musique sans la Mesure. Elle en est l'ame. C'est elle qui fait les Airs qu'on chante, ou qu'on joue seul; et dont la suite des Sons, s'appelle Mélodie. C'est elle qui fait les Concerts, dont l'assemblage des Sons s'appelle harmonie. Qu'on oste la Mesure, (j'entends la diverse durée des Sons) tous les Chants perdent leur caractere distinctif; c'est ce qu'on sait, aussi bien que moy. Il y a bien des Sortes de Mesures Soit par raport au nombre de mouvements; Soit par raport au plus ou moins de Vitesse, dont on bat le même nombre de mouvem.ts Pour moy je n'en vois au fond, que de deux Sortes; celle qui Se bat a deux têms, et celle qui se bat à trois. Quand j'entreray dans le détail des Mesures, je diray la raison, qui me fait penser ainsi. Il ne Sera question aprésent, que de la Mesure à quatre temps; Par-ce que c'est une des plus faciles à pratiquer et qu'elle est (je le montreray) comme la Mesure-mere de toutes les autres. Les uns l'appellent la Mesure à quatre tems; Les autres, le Double Majeur. Voicy comme on la bat; je Suppose la main droite levée en l'air, on la baisse comme en frappant, c'est le premier Tems; on la leve en tirant vers la gauche, c'est le Second Tems; de la on va horisontalement à la droite, c'est le troisième Tems; On monte en suite en tirant vers la gauche, c'est la quatrieme et le dernier Tems. Apres, c'est à recommencer jusques à ce que l'air que l'on chante Soit fini; Elle Se désigne par ce Signe C. Ou par celuy ci ₵ quand il faut battre Legérement.

Dans chaque tems, jl faut distinguer deux Parties; la premiere, par exemple, à l'egard du premier Tems, commence dès l'jnstant que la main Se porte en bas; et la Seconde, au premier jnstant du repos, que la main y fait. Il en est de même des deux autres parties de chaque Tems; l'Une est dans le mouvement, et l'autre dans le repos de la main. Page. 55.

Article Second:

Signes de la Durée des Sons.

Il y en a cinq, qu'on nomme Nottes; les voilà avec leur Nom, à la Suite de Chacune, O la Ronde; 𝅗𝅥 la Blanche; 𝅘𝅥 la Noire; 𝅘𝅥𝅮 la Croche; 𝅘𝅥𝅯 la Double-Croche ou la Fuse. La premiere O, designe que le Son à former, doit durer autant de Tems, qu'on reste a battre la Mesure entiere; ou comme on parle, en terme de l'Art, elle vaut toute la Mesure. La Seconde 𝅗𝅥, vaut deux Tems de la Mesure. La troisieme 𝅘𝅥 vaut un Tems. La quatrieme 𝅘𝅥𝅮 un demi-tems. La cinquieme 𝅘𝅥𝅯 un quart de Tems. ce qui ne Signiffie pas, qu'en battant la Mesure, on S'arreste pour marquer ce quart de Tems; Mais Seulement qu'une Notte de cette Figure 𝅘𝅥𝅯 ne doit durer, qu'autant qu'jl faut, pour pouvoir en dire quatre dans un Tems; ou pour pouvoir y placer quelque chose d'equivalant. La difficulté n'en est pas grande quand on Sait distinguer les deux Parties de chaque Tems. C'est ce qui montre encor la nécéssité, de les distinguer ces deux Parties; pour que dans un Concert, les uns ne placent ce quart dans un moment, different de celuy où le placent les autres, faute d'avoir une regle qui le détermine à un Lieu fixe.

Il Sera donc facile, d'exprimer dans Son Lieu le Son qui ne vaut qu'un quart de Tems; Si on Se ressouvient, que chaque Tems de la Mesure a deux Parties; puis qu'alors jl ne Sera question, que de voir en quel quart de Tems tombe le Son. Si c'est au premier quart du Tems, jl faudra l'exprimer, avant que la main Soit arrivée au repos de ce mesme Tems; puisqu'au milieu de l'espace que décrit la main, (avant que d'estre parvenuë à ce repos) Se trouve précisement, le premier quart de ce Tems. Le Second quart, Se trouve de puis ce milieu, jusques au repos de la main exclusivement. Le repos doit estre conçû partagé en deux Parties, dont la premiere est le troisieme quart, Et la derniere, est le dernier. On voit par là en quel jnstant précis, on doit placer le Son, qui vaut un quart de Tems, Selon que ce Son tombe ou Sur le premier, le Second, le troisieme ou le quatrieme quart du tems.

Peut-estre traiterat-on tout cecy de Spéculation jnutile; Mais je pense que lors qu'jl S'agit de conduire des estres raisonnables, jl faut leur parler raison. Eh quel jnconvenient y auroit-jl donc, à leur expliquer vne chose, Sans la connoissance de laquelle, jls agiront en aveugles, prêts à broncher à tout jnstant. je conviens que la Pratique leur en apprend beaucoup Sur celà, et que toute la Spéculation la plus attentive, leur Seroit jnutile Sans l'vsage: Aussi pensay-je, qu'après les premieres Notions, jl faut Se hâter d'y venir; Mais cet Vsage S'acquiert jnfiniment plus tost et plus Seurement, par les jdées préliminaires qu'on en donne.

Il faut encor remarquer, que lors que quatre Nottes fournissent à la durée entiere d'un Tems, la premiere et la troisieme doivent durer, un peu plus que la Seconde et la 4.eme

A l'egard des Sons qui Valent vn demi-tems, jl est bien plus facile d'en regler la durée, en distinguant deux Parties dans le Tems.

Les Sons qui Valent un Tems, Sont plus faciles à regler, que ceux d'vn demi tems; Encor plus le Sont, ceux qui valent deux Tems; Et plus encor, ceux qui en Valent quatre.

Il faut observer aussi, que les Nottes diminuent de la moitié, à proportion l'vne de l'autre, depuis la Seconde, jusqu'à la derniere; puisque la Ronde, Valant la durée entiere de la Mesure, ou quatre Tems, la Blanche n'en vaut que deux; la Noire, qu'vn; la Croche qu'vn demi; Et la Double Croche qu'vn quart; la Triple-croche, (qu'on employe quelques fois) ne vaut qu'vn huitieme d'vn Tems; La Quadruple-croche que le Seizieme.

Ainsi Si l'on vouloit fournir à la durée entiere, d'vne Mesure, par la même espece de Notte; jl faudroit vne Ronde 0; deux Blanches; puis qu'vne Seule, n'est que la deuxieme Partie de la durée de la Mesure entiere. Quatre Noires, puis qu'vne Seule n'est que le quart de cette durée. Huit Croches; puis qu'vne Seule, n'en est que le huitieme; Et Seize Doubles-croches; puis qu'vne Seule n'en est que le Seizieme &c. Voicy vn Exemple, où Se trouve pratiqué ce que je viens de montrer.

1. 2. 4. 8. 16.

On voit jcy, que lors qu'jl y a plusieurs Croches ou doubles-croches mises de Suite, on les lie toutes ensembles, ou de quatre en quatre, pour S'epargner la peine, et le tems de faire à chacune en particulier, le Trait qui les carracterise.

On y voit encor, que le Total des Nottes qui fournissent à vne Mesure entiere, est enfermé entre deux Lignes, qui tiennent du haut en bas de la Portée, c'est pour rendre la Musique plus aisée à mesurer; Par là, on voit facilement en quel Tems, tombe chaque Notte, Et quelle est celle, qui commence ou finit la Mesure.

Remarquons encore, que la Valeur de chaque Notte comparée à la durée en tiere d'une Mesure, peut s'exprimer par cette Suite de Fractions ou Nombres rompus.......... $\frac{1}{1}$ .... $\frac{1}{2}$ .... $\frac{1}{4}$ .... $\frac{1}{8}$ .... $\frac{1}{16}$

Lesquelles expressions Signiffient, Vn Entier; Vn demy; Vn quart, Vn huitieme, Vn seizieme.

On connoistra la necessité et l'Vsage de cette observation, quand j'entreray dans le détail des diverses Sortes de Mesures, Et que je montreray, que les Expressions qui les désignent sont nécessairement rélatives à celles cy $\frac{1}{2}$ $\frac{1}{4}$ $\frac{1}{8}$ $\frac{1}{16}$ car (pour le dire en passant) ce Signe $\frac{3}{2}$ de la Mesure a trois Tems graves, Signiffiant trois-deuxiemes, ne peut se raporter qu'à trois blanches dont vne est $\frac{1}{2}$ Vn deuxieme.

Il ne me reste plus, qu'à donner les moyens d'acquérir de Degré en Degré, la Pratique de la Mesure. J'ay tâché de Suivre en cecy comme en tout, le Principe qui prescrit de se servir de ce qu'on connoist déja pour apprendre ce qu'on jgnore, Et d'aller du facile à ce qui l'est moins.

Article Troisieme.

Moyens qu'on doit employer pour apprendre à battre la Mesure.

I.° Le Premier de ces Moyens est, ce me Semble, de se bien affermir Sur toutes les Jntonations du Chant, dont jl s'agit de mesurer les Sons; Et d'y revenir Si Souvent, Sans songer à les mesurer, qu'on n'hézite Sur aucun jntervale.

II.° Examiner, quel est le Son qui doit s'exprimer au premier Tems; quel au Second &c. C'est ce que j'appellerois, faire l'Analyse de la Mesure.

III.° Battre la Mesure plusieurs fois avec le Maître, en ne pensant encor qu'à sentir la justesse, l'égalité et la distinction des Tems.

IV.° Mesurer, non les Sons, mais la prononciation des Monosyllabes qui les dési=gnent. jl n'y a pour celà qu'à battre la Mesure, et rester, par Exemple, aussi longtems en prononceant Vt. qu'on en feroit durer le Son, S'il s'agissoit de chanter.

V.° Chanter en Suite la Leçon, en tâchant d'en mesurer les Sons; mais Sans battre la Mesure. Il n'en est pas encore tems. C'est jcy une vraye difficulté, et la cinquieme de cet Exercice, à la quelle a préparé la Pratique précédente, tres Souvent repetée. On voit celà Sans que je l'explique d'avantage.

VI.° Battre la Mesure, en ne mesurant les Sons qu'en jdée; cecy n'est pas chimérique. Il arrive bien des fois, qu'on chante en jmagination, Sans faire entendre, ni entendre Soy-même les Sons, qu'on ne laisse pas de Sentir Sourdement au fond de l'ame. D'où jl s'ensuit que la Pratique, que je prescris jcy, ayant un Degré de difficulté demoins que la Pratique Suivante, elle en doit estre la préparation.

VII.° Enfin jl faut chanter et battre; mais tres-lentement.

Ce Sont là les Moyens, Si je ne me trompe, dont un Commenceant doit se Servir; S'il veut s'accoutumer méthodiquement à battre la Mesure. Voyons à present, ce que doit faire le Maître qui l'enseigne.

Article Quatrieme.

Ordre a garder dans les Leçons faites pour exercer a battre la Mesure.

Il est évident que les premieres Leçons pour la Mesure, doivent estre les plus faciles à entonner, et à mesurer; et depoüillées par consequent de toutes les difficultés de ces deux pratiques, qui sont tant soit peu composées. Or les Leçons d'intonation les plus aisées, quand les Sons en doivent estre mesurés par un Commenceant, sont celles, qu'il sait déja bien entonner; Et les Leçons de mesure, les moins difficiles pour luy sont celles où la durée des Sons est assés grande, pour qu'il puisse en demeurant sur l'un, prévoir en quel-Tems il doit former l'autre.

N'adjouter point difficulté sur difficulté, Et n'enter, pour ainsi dire, les nouvelles notions que sur celles qui ont déja jetté de profondes racines, c'est l'esprit de la Méthode. Sans de pareilles précautions, on peut bien à force de répétitions, saisir enfin les difficultés, mais non l'Art par les quel on les surmonte. Il me paroist donc, qu'un Commenceant doit revenir aux premieres Leçons d'intonation, quand il s'agit de luy apprendre à mesurer les Sons. La plus aisée de toutes, est cette suite de Degrés-conjoints Ut, re, mi, fa, sol, la, si, Ut. de là il passera aux Tierces, qui seront suivies des Quartes, des Quintes, des Sixtes, des Septiemes, et des Octaves, avec les mêmes menagemens pour l'intonation, que s'il ne s'agissoit que de cette Pratique. Il me paroist encor, que toutes les Nottes de chaque Leçon, doivent estre des Rondes, ou au moins des Blanches, suivies dans un second essay par les Noires, En suite par les Croches, Enfin par les Doubles-croches.

Il est aisé de voir, qu'vne de ces Leçons conduit à l'autre, par vn enchainement qui empeche qu'vn Ecolier ne Vacile dans l'intonation, ou dans la Mesure des Sons.

On me dira, peut estre, qu'il est bien facile de mesurer la derniere des Leçons, qui ne different entr'elles, qu'en ce que les Sons de la Seconde, durent la moitié moins, que ceux de la premiere, Et ainsi de la troisieme, quatrième, cinquieme à l'egard de celles qui les précedent; Mais la Musique qu'il s'agit d'executer par Exemple, dans un Concert, n'a point ces diverses nuances. Elle doit estre exécutée, sans passer par tous ces degrés, et ces liaisons qui y menent insensiblement. Celuy donc qui aura esté conduit comme je le propose, se trouvera tout éperdu à la Vüe de toutes ces difficultés, qui se présenteront à la fois.

On m'accorde un grand Point, en avoüant que par l'arrangement, que je donne à ces Leçons, on va facilement de la premiere à la derniere, Et consequement de ce qu'il y a de plus aisé à ce qui ren-ferme le plus de difficultés.

En second lieu, quel est le moyen qu'on employe communément pour apprendre à mesurer les Sons? n'est-ce pas de faire répeter cent et cent fois, des Leçons composées de ce que la Mesure à presque de plus difficile? Eh quel mal y a t'il donc, que celles que je présente au Public, soient tellement subordonnées l'vne à l'autre, que pour mesurer les Chants qui vont le plus Viste, il n'en couste que la peine de s'y essayer vne fois? Est-ce qu'on en sera moins capable d'exécuter ceux qui auront ailleurs les mêmes difficultés, par ce qu'on ne se sera pas cassé la teste, à les surmonter, quand on en apprenoit la Méthode.?

J'avoüe que de tels ménagements paroissent d'abord une Voye bien longue; — mais enfin ces difficultés, que je présente vne à vne dans un ordre systematique, existent. Je ne les ay pas imaginées pour donner de l'exercice. Elles existent, et dans les Méthodes, où on les présente toutes à la fois, envelopées confusement l'vne

dans l'autre; Et dans les Leçons que j'ay données, où elles paroissent chacune au grand jour, Et ce me Semble, dans leur ordre naturel. Pourquoy donc Se fatiguer et Se dégouter Soy mesme, en essayant d'en Surmonter plusieurs à la fois? tandis qu'on peut passer de l'une à l'autre, par un chemin qu'on a pris Soin de nous aplanir, et dans le quel nous pouvons aller aussi viste que nous le Souhaitons, dès que nous Sommes en train de marcher. Quoy qu'il en Soit, Voicy les Leçons que je pense devoir donner à des Commenceant, Selon l'ordre et les raisons que je viens d'expliquer.

Article Cinquieme.

Leçons où repassant avec ordre, et avec bien des menagemens sur les mêmes difficultés d'Intonation de Secondes, Tierces, Quartes &c. l'on est insensiblement conduit à battre, et à exprimer la Mesure des diverses durées de ces differens interv.

Les Secondes.

Pre. Leçon. Préparant à exprimer la durée des Sons de la 2me. qui a Son tour prépare a la 3me. &c.

2e. Leçon.

3e. Leçon. où l'on peut aprendre aussi à faire les Tems egaux.

4e. Leçon.

5e. Leçon.

Les Tierces.

Leçons où en S'exerceant encor Sur l'Intonation des Secondes, et Sur leur diverse durée on est insensiblement conduit à exprimer les differentes durées des Tierces.

Pre. Leçon. Préparant à la durée des Sons de la Seconde.

2e. Leçon. préparant à exprimer la durée des Sons de la 3e.

3e. Leçon. préparant à exprimer la durée des Sons de la 4e.

4e. Leçon. But des 3. Leçons précedentes pour la durée des Sons.

16. Suite de la 1re.
Suite de la 2e.
Suite de la 3e.
Suite de la 4e.
5e. Leçon. But des 4 Leçons précédentes, par raport à l'Intonation des Tierces; et préparant en meme tems à exprimer la durée des Sons de la Sixieme.
6e. Leçon, préparant à exprimer la durée des Sons de la 7e.
7e. Leçon, préparant à exprimer la durée des Sons de la 8e.
8e. Leçon. Dernier But des 7 Leçons précédentes, pour l'Intonation et pour la durée des Sons.
Les Quartes
Leçons, où en repassant encore sur l'Intonation des Secondes et des Tierces et sur leur diverse durée, on est préparé par Degrés à exprimer les differentes durées des Quartes.
1re. Leçon, préparant à exprimer la durée des Sons de la 2e.
2e. Leçon, préparant à exprimer la durée des Sons de la 3e.
3e. Leçon préparant à exprimer la durée des Sons de la 4e.
4e. Leçon. But des 3 précédentes, par raport à la durée des Nottes.

Suite de la 1.re
Suite de la 2.e
Suite de la 3.e
Suite de la 4.e
5.e Leçon. But des 4 précedentes pour l'Intonation des Quartes; et préparant en même Tems à exprimer la durée des Sons de la Sixieme.
6.e Leçon, préparant a la durée des Sons de la 7.e
7.e Leçon, préparant a la durée des Sons de la 8.e
8.e Leçon. Dernier But des 7. Précédentes, pour l'Intonation et pour la durée des Sons.
Je me contenteray désormais de Chiffrer les Leçons. Les Titres en seront Sous-entendus relativement aux précédents.
Les Quintes
Leçons où en se fortiffiant sur l'Intonation des Secondes, des Tierces, des Quartes et de leur diverse durée, on est insensiblement conduit a exprimer les differentes durées des Quintes.
1.re Leçon.
2.e Leçon.
3.e Leçon.
4.e Leçon.

18. Suite de la 1re
Suite de la 2e
Suite de la 3e
Suite de la 4e
5e Leçon.
6e Leçon.
7e Leçon.
8e Leçon.
Les Sixtes
Leçons, où en se rompant de plus en plus sur l'Intonation des Secondes, des Tierces, des Quartes, des Quintes et de leur diverse durée, on passe de proche en proche a l'expression de la differente durée des Sixtes.
1re Leçon.
2e Leçon.
3e Leçon.
4e Leçon.

Suite de la 1.re
19.
Suite de la 2.e
Suite de la 3.e
Suite de la 4.e
5.e Leçon.
6.e Leçon.
7.e Leçon.
8.e Leçon.
Les Septiemes
Leçons, où S'éxerceant encor sur l'Intonation des Secondes, des Tierces, des Quartes, des Quintes, des Sixtes, on est conduit par Degréz, a l'expression des differentes durées des Septieme
1.re Leçon.
2.e Leçon.
3.e Leçon.
4.e Leçon.

Article Sixième.

Du Point, de la Tenuë et de la Syncope.

Le Point, en Musique, est un Point et rien de plus. Son Employ est d'augmenter la durée du Son. Surquoy il n'y a que deux choses à Savoir; La premiere, c'est que le point fait durer le Son, la moitié plus que la Notte n'jndique; ainsi vne Ronde pointée o· dura Six tems, puis que quatre, qu'en vaut la ronde, et deux pour le point, Sont Six.

Vne Blanche pointée · durera trois tems; vne Noire pointée · vn tems et demi, vne Croche pointée · trois quarts de tems; vne double croche · vn quart et demi de tems;

2.° Le point appartient à la Notte, qui est à la gauche de celuy qui tient le papier de musique, le premier point de ces Exemples appartient donc a la Ronde, le Second à la Blanche. &c. La valeur des Nottes des Exemples Suivants Sentend de la Mesure C.

Ronde valant 6 Tems. | Blanche de 3. Tems. | Noire d'vn Tems et $\frac{1}{2}$ | Croche de $\frac{3}{4}$ de Tems

4. Tems. 2. Tems. 2. Tems. 1 Tems. 1. Tems. $\frac{1}{2}$ Tems. $\frac{1}{2}$ Tems. $\frac{1}{4}$ Tems.

On pointe aussi les Doubles-croches, les Triples-croches; leur Point va toujours en diminuant de la moitié.

La Tenuë est un Trait circulaire ⌣ ou ⌢ qui lie deux Nottes ensemble, mises Sur le meme Degré; Elle Signiffie, qu'il faut joindre la durée de la Seconde, à celle de la premiere et ne prononcer en Solfiant que le nom de celle-cy. En voila un Exemple.

cet vt dure 8 Tems. cet vt dure 4 Tems. cet vt dure 2 Tems. cet vt dure 1. Tems.

4 et 4 — 2 et 2 — 1 et 1 — $\frac{1}{2}$ et $\frac{1}{2}$

Vt. Vt. Vt. Vt.

La Tenue et le Point, Sont au fond la même chose; puisque l'un et l'autre n'ont d'autre Vsage, que d'augmenter la durée de la Notte qui les précede; Et qu'il arrive Souvent que toutes les deux Sont d'une égale durée, lors que la derniere des Liées, ne vaut que la moitié de la premiere. Voyons-le dans les Exemples Suivans.

cet vt dure 6. Tems. cet vt dure 3. Tems. cet vt dure 1. Tems et $\frac{1}{2}$ cet vt dure 3. quart de Tems.

ou 4. et 2 p.r le Point. 2. et 1 p.r le Point. 1. et $\frac{1}{2}$ p.r le Point. $\frac{1}{2}$. et $\frac{1}{4}$ p.r le Point.

4. et 2 p.r la Blanche. 2. et 1 p.r la Noire. 1. et $\frac{1}{2}$ p.r la croche. $\frac{1}{2}$. et $\frac{1}{4}$ pour la double-croche.

Qu'on adjoute à cette Ronde la durée de la Blanche, ou la durée du point elle dure egallement Six Tems; il en est de meme du Point de la Blanche, de celuy de la Noire; et de la Croche;

Il faut distinguer la Tenuë, du Coulé, qu'oy que l'vn et l'autre Se marquent par des Traits Semblables ⌢ Tenue. ⌢ Coulé.

La Tenuë n'est d'vsage qu'a l'egard des Nottes, mises Sur le mesme Degré. Et le Coulé est employé a l'egard de celles-cy, et de celles qui Sont placées Sur des Degrés differ. Il Sert à jndiquer, qu'il faut faire Sonner deux ou plusieurs autres Sons Sur la meme Syllabe. On en voit un Exemple

Respectons l'amour tandis qu'il Someil.........le.

Où la Syllabe, tons, passe Sur fa et Sur mi; Le mot, qu'il, Sur Sol et Sur fa, et la Syllabe, meil, Sur toutes les Nottes, Sous les quelles Sont les points.

Le Coulé à l'egard des Instruments de bouche Signiffie, qu'il ne faut donner qu'vn coup de

Langue, pour tous les Sons que le Coulé lie.

Et a l'egard des Instruments à Archet, on n'en donne qu'un coup pour toutes les Nottes qui Sont jointes ensemble.

Le Coulé, dont je parle jcy, est encor différent de celuy, qui est un agrément quoy qu'ils ayent tous deux le meme Signe; j'en parleray dans Son Lieu.

Qu'est ce que la Syncope? Un Point ou une Tenuë.

On appelle Syncope, la durée d'une Notte, la quelle commence à la Derniere partie d'un Tems, et continuë Sur la premiere du Suivant. Je reconnois dans cette Idée la durée de deux Nottes, liées par la Tenuë et dont la premiere tombe Sur la derniere partie d'un Tems.

Il me paroist que le premier Exemple, est précisement le meme que le Second.

Je puis donc me Servir alternativement de l'un de ces trois Signes, à la place de l'autre, pour exprimer le meme Sens. En les raprochant, on en comprendra mieux legalité de leur Signiffication.

Au reste, jl me paroist que c'est jcy, le Lieu précis d'en parler.

C'en est le Lieu; car tout ce qui concerne la durée des Sons, commune à toutes les mesures, tient naturellement au chapitre, où l'on explique ce qui regarde la Mesure en general: Or la durée du Point; Celle de la Tenuë; Celle de la Syncope, est commune à toutes les mesures. Joint à celà qu'il est beaucoup plus aisé, de les pratiquer à la Mesure à la quelle je fais les aplications des Exemples que je donne. C'est le Lieu precis, ay-je dit, Et ce l'est à en juger par l'augmentation Successive de difficulté, par où doit passer un Commenceant. Les Leçons précédentes l'ont acoutumé peu à peu, à faire durer les Sons pendant un Tems, Un demi-tems, Un quart de tems. Quelle pratique restoit-il d'un Degré plus difficile, Si ce n'est celle de tenir les Sons pendant un Tems et demy; puis un demy et un quart, de Tems? Ce qu'il Sera d'autant plus facilement, que les Leçons précédentes l'ont amené directement à cette Pratique; Car qu'est-il question de faire pour exprimer, Par Exemple, La valeur d'une Blanche-pointée dans la Mesure à quatre temps C? C'est de rester trois Tems Sur le Son qu'elle jndique; il n'y a donc qu'à S'imaginer, qu'il en faut retrancher un, des quatre que dureroit la Ronde.

Une Noire pointée vaut un Tems et demy. Pour exprimer cette durée il faut faire Sonner une Seconde fois la Voyelle du Nom de cette Noire, en S'jmaginant que c'est celuy d'une Croche, qui Seroit Sur le meme Degré que la Noire pointée

Dans la premiere Expression, on voit une Noire-pointée; dans la Seconde, c'est une Noire à la quelle est liée une Croche. La durée de l'une et de l'autre est egale. L'execution en Sera la meme, Si dans la Seconde expression on dit re-e au lieu de dire re-re. C'est la toute la difficulté.

A l'egard du Point des Croches, il n'y a qu'a rester un moment de plus Sur la pointée. la regle pour ne S'y pas tromper, c'est de ne prononcer la Double-croche qui Suit, que dans l'Instant, où la main finit le repos du Tems.

Au reste c'est jcy une nouvelle difficulté; aussi ne Sera t'elle jointe qu'a celles qu'on a déja surmonté. La raison on la sait.

„ Et d'ailleurs, n'est-il pas de l'essence de la Méthode, que chaque pratique soit si bien
„ caracterisée dans les Leçons qu'on donne, que celle qu'il s'agit d'exécuter pour la prem.
„ fois, se presente comme d'elle meme? Cela ne se peut. 1.° Qu'en écartant toutes celles,
„ sur qu'oy un Commenceant n'a pû s'exercer encor. 2.° En séparant meme celles aux
„ quelles il s'est déja essayé successivement; Mais dans les quelles il hésiteroit si
„ elles se trouvoient toutes rassemblées, avec une difficulté qu'il n'auroit pas encore vüe.

„ L'Intervale de Tierces, de Quartes, de Quintes Pointées, et leur diverse Durée ne parois-
„ tront donc, que successivement dans autant de Leçons particulieres; ou l'on ne verra ni
„ Diese ✱ ni Bémol ♭. J'y ay meslé cependant certaines chûtes de chant, qui en depend.
„ Elles y sont rares, sur tout dans l'article suivant, Mais on ne peut se servir des
„ Diese ou des Bémols avant que d'en avoir parlé dans le lieu où il convient naturellem.t;
„ Il y a auparavant d'autres difficultés à surmonter, beaucoup plus faciles; Enfin on ne
„ peut ni tout enseigner, ni tout aprendre à la fois.

„ Un Chant fait sur ces regles ne sauroit estre ni bien modulé, ni fort diversifié. —
„ Qu'importe s'il en devient fort utile, et fort propre à faciliter lexecution des difficultés —
„ dont il s'agit, dans la Musique où les Dieses et les Bémols apportent tant de varieté, jointe à
„ la modulation la plus vraye.

„ Il faut, dira-t-on, rendre la teste sonnante, harmonieuse à ceux qui apprennent la Musique.
„ J'en conviens; Mais ne faut-il pas aussi commencer par le commencement, et finir par la fin?
„ Et se haster lentement vers le Terme? Unique mais infaillible moyen d'arriver.

„ Tout paroist aisé, aux Maitres qui oublient ce qu'il leur en a couté, pour surmonter ce
„ qu'ils appellent ensuite, des difficultés puériles. A force d'Exercice et de patience, Ces —
„ difficultés, qui n'ont pas toujours été pueriles pour eux, se sont peu à peu, évanoüies.
„ Ils ont enfin saisi le But, et l'exécution ne leur paroist plus qu'un jeu. Mais en est
„ elle devenüe plus aisée pour les Commenceants sur tout quand ceux qui veulent y —
„ conduire, laissent dans la Voye toutes les Epines, tous les embarras qu'ils y ont trouvé,
„ et qui les ont decouragé tant de fois.

„ Je ne me lasseray donc point d'écarter, tout ce qui pourroit arrester les Commenceans.
„ Ceux qui voudront passer sur de telles routes, ceux là seuls pourront décider, s'ils les
„ menent au terme sûrement, aisément et sans detour. Quand on se sera essayé avec
„ ordre sur chaque difficulté en particulier, ce sera le tems d'en voir l'assemblage.
„ Il ne coûtera a lors que la peine qu'il faut pour une seule.

„ Peut etre trouvera-t-on encore que je donne de trop Longs Exemples. Il est vray, quelq.es
„ Nottes pointées, Jettées au hazard sur le papier, c'est une chose plus facile à faire, et plus
„ courte à voir. Mais pour aprendre à pointer les Nottes, et meme pour avoir la seule
„ idée de cette pratique, suffit-il de voir simplement une suite de Nottes pointées, qui ne
„ forment aucun chant? ou qui en forment un sur le quel un Commenceant ne sauroit
„ s'exercer. Si l'on ne trouve pas dans une Méthode, Des Leçons, ou l'on puisse s'essayer
„ et par ou l'on passe Méthodiquement sur toutes les difficultées de chaque pratique: Je
„ ne vois pas, ou l'on cherchera ce secours.

„ La maniere d'aprendre les difficultés, est de se bien affermir d'abord sur la premiere

Leçon toute entiere, avant que d'en venir à la Seconde, sur la quelle on doit estre fort asseuré, si l'on veut passer à la Troisieme avec bien du Succes, ce qui arrivera infailliblement en prenant ces precautions, L'experience m'en est un Sur garant.

Article Septieme.

Leçons ou en se fortifiant toujours d'avantage sur les difficultés précédentes d'intona.on et de durée, avec le meme ordre de préparation, on apprend peu à peu à executer la diverse durée du Point, de la Tenuë et de la Syncope.

25
Suite
Syncope
Suite
Sync
Suite
Sync
Quintes-pointées.
Les Points qu'on verra Sous ou Sur, les Doubles Croches Signifient qu'il faut les faire d'une egale durée;
par tout aillheurs, quatre nottes de la même Espece qui remplissent un tems Sont inegales. C'est la regle,
on la déja dit.
1re Leçon.
gay
2e Leçon.
gay
3e Leçon.
Suite
Suite
Suite
Suite
Suite
Suite

Article huitieme

De la difficulté d'exprimer trois Nottes dans un Tems.

Cette difficulté suit naturellement la précédente. Là il faloit exprimer dans un Tems, une Croche, son Point, et une double-croche; il est icy question de passer aussi dans un Tems, une Croche suivie de deux doubles-croches. Ce ne sont là que deux diverses manieres, de marq.r la meme combinaison de durée. 1.er Exemple. 2.e Exemple.

u u tu. u tu tu.

Dans le premier Exemple, je dis la Croche ut, à la premiere partie du Tems; le Point, à la premiere partie du repos; et la double croche, à la fin du repos; en prononceant u-u-tu. (on se ressouviendra de ce que j'entends par ce repos du Tems, Page 11) Dans le Second Exemple, je dis la Croche à la premiere partie du Tems; la premiere des doubles-croches au commencement du repos et la Seconde à la fin du repos, en prononceant u-tu-tu; Car c'est ainsi qu'on lit trois ut mis de suite.

Or chanter dans des durées égales u-u-tu, ou u-tu-tu, sont-ce là des pratiques bien différentes? Cependant je les montre chacune à part.

Trois Nottes qui remplissent un Tems, peuvent se combiner en trois manieres differentes, comme on voit, dont je donneray autant de Leçons particulieres.

Pour se préparer à dire trois Nottes dans un Tems, Il faut s'exercer d'abord, à en chanter trois d'une durée plus Longue; mais proportionnelle à celles qui remplissent un Tems. Il est évident que celles dont la durée est plus longue, sont plus faciles à chanter. Il ne l'est pas moins, que ce premier Exercice prépare efficacement les voyes au Second; puis qu'il n'est question entre eux que du plus ou moins de durée. rendons cecy sensible.

Les durées de chacun de ces deux Exemples, sont proportionnelles, puisque celles du dernier sont exactement chacune à chacune, la moitié de celles du Second.

Il faut se ressouvenir que la premiere double-croche qui commence le Tems se doit tenir un peu plus que celle qui la suit; Et par consequent il falloit pointer les premieres Croches du Tems, dans la premiere Leçon pour que la proportion de durée, fût mieux gardée entre la Leçon de préparation, et celle qui en est le But. On voit icy ce que je dis.

La Pratique de la troisieme Combinaison de trois Nottes dans un Tems, est un peu plus difficile que les deux autres; Mais elle n'a rien de moins aisé, que celle de chanter quatre Nottes égales dans un Tems, C'est au fond la meme chose. Toute la différence ne consiste que dans la prononciation, et dans les Signes. Voicy ce que j'entends exprimé en Musiq.e

Dans le premier Exemple après avoir dit re au premier quart de Tems on en prolonge la voyelle é pour l'autre quart. Dans le Second Exemple au Lieu de prononcer ré-é on

dit ré ré dans deux quarts de Tems, Ce n'est icy, comme on voit, qu'une meme pratique différemment exprimée.

Je la notteray d'abord en quatre Nottes dans la Leçon de préparation et dans celle qui en est le But; immédiatement après, Suivra la Vraye expression de cette difficulté: c'est un moyen facile pour la Surmonter.

Article Neuvieme.

Leçons, ou l'on est préparé peu à peu à exprimer dans un Tems trois Nottes de différentes durées, qui le remplissent.

Leçon, Préparant a chanter trois Nottes dans un Tems, dont la premiere vaut autant que les 2 dernieres ensemble.

gay.

But de la Leçon précédente.

gay.

Suite.

Suite.

Leçon, préparant à chanter trois Nottes dans un Tems, dont la derniere vaut autant que les deux premieres ensemble.

gay.

But de la Leçon précédente.

gay.

Suite.

Suite.

Leçon, préparant à chanter trois Nottes dans un Tems, dont celle du milieu vaut autant que la premiere et la derniere. On voit dans cette Leçon des termes abregés, Dont l'un signifie Expression Developée; et l'autre, de cette Durée.

Article Dizieme
des Poses.

C'est dans ce Chapitre, et c'est précisement dans l'endroit où j'en Suis, qu'il convenoit de parler des Poses; Ces Pratiques estant dirigées, et déterminées par la Mesure, Et beaucoup plus faciles à executer dans la Mesure à quatre Tems. Or dans cette Section je dois expliquer tout ce que la Mesure a de plus aisé à pratiquer, Et je ne pouvois, ce me Semble, mieux placer ce qui regarde la durée des Silences, qu'après avoir dit ce qui concerne celle des Sons.

Pour exposer avec Méthode tout ce qu'on doit Savoir Sur les Poses, il faut les considerer Sous diverses Faces, dont l'une jette Succéssivem.t du jour Sur l'autre. Voyons d'abord quelle est leur figure et leur nom.

Bâton.	Demi-Bâton.	Pose	Demi-Pose.	Soupir.	Demi-Soupirs.	Quart de Soupirs.
					ou	ou

On remarquera, que la Pose qui S'appelle Bâton, a toute la Longueur qu'il y a, entre trois Lignes paralelles; que le demi-Bâton, a celle qu'il y a entre deux Lignes paralelles; que la Pose n'a que la moitié de cette Longueur aussi bien que la demi-Pose, avec cette différence, que la premiere semble estre Suspendue à la Ligne; au lieu que l'autre y est comme assise. La Figure des autres poses est assés caracterisée par elle même.

Toutes ces Poses Se placent indistinctement, entre quels Espaces on Veut. Le demi-Soupir et le Quart de Soupir; Se renversent bien Souvent, comme on le Voit, Sans changer de Signification.

Il y a encore des Demi-quarts, ou des huitiemes de Soupirs ou, et meme des Seiziemes ou. Ce qui les distingue, c'est le nombre de Petites Lignes.

Considerons à present ces Poses Sous les diverses Faces Subordonnées, dont j'ay parlé. On peut les regarder.

1.° Selon la Diminution proportionnelle de Durée qui est entr'elles.

II.° Selon leur durée fixe, ou changeante.
III.° Selon les diverses occasions où elles sont d'usage.
IV.° Selon le plus ou le moins de difficulté de leur Execution.
V.° Selon le raport de leur durée avec celle des cinq Nottes 𝅝, 𝅗𝅥, 𝅘𝅥, 𝅘𝅥𝅮, 𝅘𝅥𝅯.

I.° Le Silence indiqué par ces Poses diminue proportionnellement de la moitié depuis la Seconde jusqu'a la derniere. Cet article dans toute son etendue, n'est vray, que dans la Mesure à quatre Tems et dans la Mesure à deux Tems designée par 2

Le Baton.	Le demi-Baton.	La Pose.	La demi-Pose.	Le Soupir.	Le demi-Soupir.	Le quart de Soupir.
Indique qu'il faut garder le silence pendant 4. Mesures.	Qu'il faut garder Le Silence pendant 2. Mesures.	Qu'il faut garder Le Silence pendant une Mesure.	Qu'il faut gard.r Le silence pend.t une demi Mesure, ou deux Temps.	Qu'il faut garder Le Silence pendant un qu.t de Mesure ou un Temps.	Qu'il faut garder le Silence pend.t un demi quart de Mesure ou un demi Temps.	Qu'il faut garder Le Silence pendant un quart de quart de Mesure ou un quart de Temps.
					ou	ou

L'on ne pouvoit mieux faire que d'établir cette diminution proportionelle de durée entre les Poses. Elle contribuë beaucoup à la netteté de leur Signiffication, et en rapelle facilement le Souvenir; Un Signe équivoque est toujours embarrassant.

Cette reflexion si elle est judicieuse, condamne avec raison ceux qui font signiffier à la Pose, tantost une Mesure entiere, tantost une demi-mesure, selon les diverses occasions et les diverses Mesures où ils l'employent. Variations que l'on remarque encor dans l'usage arbitraire qu'ils font de la demi-pose, du Soupir et des autres Poses au lieu de suivre la Pratique commune que je vais exposer. Elle a esté tres judicieusement establie, C'est faute de le sentir, que quelqu'uns suivent la Dessus, Le premier Systeme qui leur vient dans l'Esprit.

II.° Le Bâton, vaut invariablement quatre Mesures; Le demi Bâton, deux; la Pose une; La demi Pose autant que la Blanche 𝅗𝅥; Le Soupir autant que la Noire 𝅘𝅥; Le demi Soupir autant que la Croche 𝅘𝅥𝅮; Et le quart de soupir autant que la Double-Croche 𝅘𝅥𝅯; Et c'est dans toute sorte de Mesures.

Un Commencant conclura, que ces quatre dernieres poses changent proportionellem.t de durée selon les diverses Mesures où on les employe, Et il conclura bien. il n'a qu'à adjouter que je ne dois luy parler de ce changement, que lors qu'il s'agira de celuy des Nottes qui le determines.

III.° Dans les Concerts à deux, trois, quatre Parties &c. Le Bâton, Le demi Bâton, La Pose, sont tres souvent employées.

Celuy qui compose la Musique, veut-il qu'une Partie reste dans le silence, tandis qu'une autre chante, il écrit un Bâton ou un demi-Bâton, selon le Silence qu'il demande. Ce n'est que pour la Musique à plusieurs parties, que ces premieres Poses ont esté inventées. Quand il s'agit de chanter ou de jouër seul, elles deviennent inutiles. Celà s'entend.

Mais il n'y a guere de chant à Voix seule sans accompagnement, où l'on puisse éviter de faire usage de la demi-Pose ou du Soupir &c; par ce qu'il seroit difficile en bien des occasions, de donner la Cadence, Le train convenable à ce qu'on chante, Si l'on n'en ajustoit les diverses Parties à tel Tems de la Mesure. Ainsi si c'est au troisieme Tems de la Mesure que cet arrangement tombe, on doit nécessairement rester en silence aux deux premiers Tems; Il convient donc, d'employer la durée de la demi-pose. La mesme chose peut arriver à l'égard du Soupir, du &c.

IV.° Par tout ce que je viens de dire, on voit que l'usage du Bâton, du demi Bâton, de la Pose de la demi-Pose et du soupir, n'a aucune difficulté qui puisse arrester, puisque le Commencem.t et la fin de ces cinq durées est tres marqué par la Mesure.

Il n'est pas si facile de pratiquer le Silence que demandent le demi-soupir, Le quart de soupir &c. Cependant on en viendra facilement à bout en se ressouvenant de la division du Tems en deux parties, dont l'une est le mouvement de la main, l'autre le repos; Car si le demi-Soupir ou tombe sur la premiere partie du Tems, Il n'y a qu'à ne rien dire pendant le mouvement de la main, et chanter dès le premier instant, où la main s'arreste. Si ce demi-Soupir ou tombe sur la derniere partie du Tems, il n'y a qu'à se taire pendant le repos de la main.

Raisonnons à proportion à l'égard du quart de soupir ou . S'il tombe au premier quart du Tems, il ne faudra pas attendre, que la main soit au repos pour chanter la Notte qui suit cette Pose. On prevoit ce que j'aurois à dire, pour l'observation des quarts de Soupir ou qui sont en d'autres quarts de Tems. Tout cecy n'est relatif qu'à la Mesure à quatre Tems C, de la quelle sur tout je dois parler dans cette section.

V.° Je ferois icy la Combinaison des diverses durées des Poses, avec les diverses durées des Nottes, si c'en estoit icy le Lieu; Et si je ne pensois pas, que je dois m'en dispenser. N'evitay-je par là, que le mal de faire croire, qu'il importe de s'appliquer à tous ces raports de durée. dès qu'on sait, que la Blanche , détermine la Valeur de la demi Pose, et que les autres poses diminuent à proportion, n'en a t'on pas là autant qu'il en faut, pour l'usage et pour faire à son gré toutes les Combinaisons imaginables de ces durées.

Article Onzieme.

1.re Leçon, qui prépare à l'execution des Poses de la Leçon suivante; Et qui, pour cet effet, est dégagée de toute difficulté, qui pourroit tant soit peu arrester les Commenceants.

Article Douzieme

Des Renvois; de la Ligne de Tenue, et des Guidons.

Les Renvois sont des signes, qui désignent de répéter ce qu'on vient de chanter. si cette répétition n'augmente pas la durée des sons en particulier, elle augmente celle du Chant. Il faut donc expliquer ce qui regarde les Renvois, La ligne de Tenuë et les Guidons dans le Chapitre où l'on parle de la Mesure.

Je distingue les Renvois en deux Sortes; Les uns Signiffient Simplement qu'il faut répéter; En voila la Figure. ||: ou |S|. Les autres déterminent, où il faut recommencer, les voicy 𝄋 ou ;

Ceux cy ont deux usages; tantost ils marquent qu'il faut reprendre dès le commencement la partie de l'air, qu'on vient de chanter; C'est ce qu'on nomme grande reprise. Tantost que ce n'est que vers le milieu; C'est ce qu'on nomme petite reprise.

Lors que le Compositeur veut se servir des Renvois, il les met à la fin de ce qu'il faut répéter. On en voit l'Usage dans ce Chant.

Préparation a la Leçon Suivante.

Gay.

But de la Leçon précédente.

Gay.

Suite.

fin.

Suite.

Suite.

apres cette reprise, on reprend le commencement jusqu'au mot fin.

Suite.

Le premier Renvoy ||: Signiffie la Répétition des 18 premieres mesures de ce Chant; Et le dernier 𝄋 désigne L'endroit précis, où on doit recommencer; C'est à la Notte du commencement Sous la quelle Se trouve le même Renvoy 𝄋 qui est à la fin de la 1.re Partie de cet Air.

A ces Renvois on joint encor le Guidon dont voicy la Figure w, on le met sur la Ligne ou dans l'Espace, ou se trouve la Notte à la quelle il faut revenir. On n'a qu'à le voir dans le précédent exemple, où w se trouve sur la 3.e Ligne dans la premiere Partie du Chant; Et sur la deuxieme, dans la seconde Partie.

Ainsi les Trois Sortes de Renvois :||: 𝄋. ∽ Sont dans une gradation de Signiffication précise; Le premier désignant la répétition; Le Second indiquant l'endroit où Elle commence; Et le troisieme le Degré de la premiere Notte où il faut reprendre.

On se Sert encor de la Ligne de Tenuë ⌐——⌐ ou ⌣; Elle exprime qu'à la fin de la répétition indiquée par les renvois, il faut passer à la derniere des Nottes, que la Ligne de tenuë joint, et laisser toutes les autres. En Voicy un Exemple.

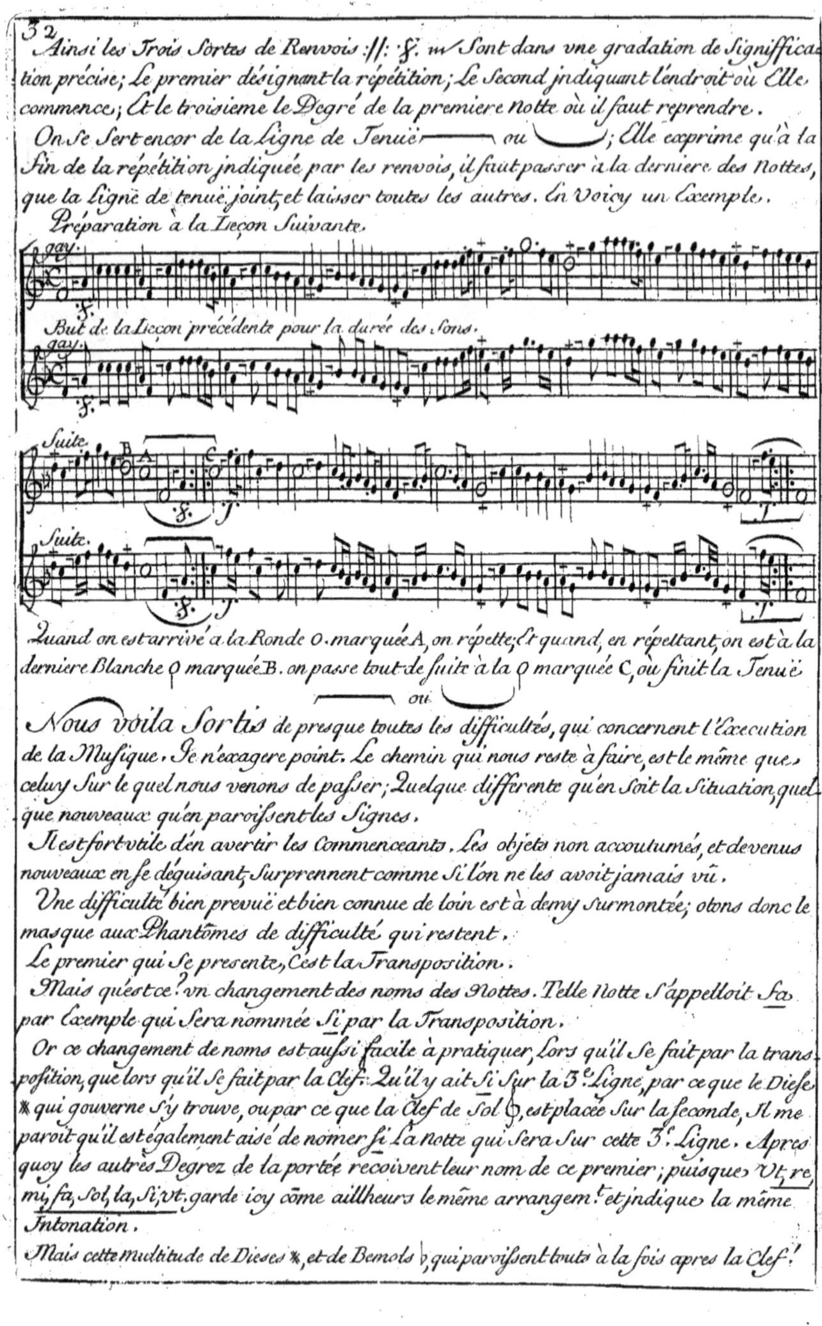

Quand on est arrivé a la Ronde o. marquée A, on répette; Et quand, en répettant, on est à la derniere Blanche marquée B. on passe tout de suite à la marquée C, où finit la Tenuë ⌐——⌐ ou ⌣.

Nous voila Sortis de presque toutes les difficultés, qui concernent l'Execution de la Musique. Je n'exagere point. Le chemin qui nous reste à faire, est le même que celuy Sur le quel nous venons de passer; Quelque differente qu'en Soit la Situation, quelque nouveaux qu'en paroissent les Signes.

Il est fort utile d'en avertir les Commenceants. Les objets non accoutumés, et devenus nouveaux en se déguisant, Surprennent comme Si l'on ne les avoit jamais vû.

Une difficulté bien prevuë et bien connue de loin est à demy surmontée; otons donc le masque aux Phantômes de difficulté qui restent.

Le premier qui Se presente, C'est la Transposition.

Mais qu'est ce? un changement des noms des Nottes. Telle Notte s'appelloit Fa par Exemple qui Sera nommée Si par la Transposition.

Or ce changement de noms est aussi facile à pratiquer, Lors qu'il Se fait par la transposition, que lors qu'il Se fait par la Clef. Qu'il y ait Si Sur la 3e. Ligne, par ce que le Diese ✱ qui gouverne s'y trouve, ou par ce que la Clef de Sol 𝄞, est placée Sur la seconde, Il me paroit qu'il est également aisé de nomer si la Notte qui Sera Sur cette 3e. Ligne. Apres quoy les autres Degrez de la portée recoivent leur nom de ce premier; puisque Ut, re, mi, fa, Sol, la, Si, ut. garde icy cõme aillheurs le même arrangem.t et indique la même Intonation.

Mais cette multitude de Dieses ✱, et de Bemols ♭, qui paroissent touts à la fois apres la Clef?

Eh bien qu'a telle de si étonant? de tous ces Dieses ✱, de tous ces Bémols ♭, On n'en consulte qu'un pour le nom des Nottes. Les regles qui montrent celuy, auquel il faut s'adresser, et qu'elle est sa position n'ont rien de plus Enigmatique, que celles qui Enseignent, Sur quelle Ligne la Clef est placée. On comprend sans peine, que la Clef de 𝄞 par Exemple, est posée icy à la Seconde Ligne et qu'il faut dire Sol Sur cette Ligne; Mais quand on sait que le P.er ✱, se met sur le Degré, où la Clef jndiquoit Fa quelle difficulté trouveroit-on à comprendre, qu'il faut dire Si Sur ce Degré, Dez que le ✱ y est. C'est que sans y prendre garde, On considere les Clefs, comme des Signes, qui dõnent naturelement, necessairement le nom aux Nottes. Les Maitres entretienent ce préjugé en faisant voir D'abord tous les changem.t de nom, qui arrivent sur la portée par les Diverses Clefs et leur diverse position.

Il y a un remede à cela. C'est de regarder aussi Les Dieses ✱, et les Bemols ♭ de transposition, Comme des Signes nécessaires et Naturels du nom des Nottes; et que le Dégré où est le Bemol ♭ est nõmé Fa aussi naturelem.t que celuy où se trouve la Clef de Fa.

Que faut-il donc pour se mettre au fait de cette difficulté, et pour y devenir bientost Savant? Un peu de Memoire.

Le Second Phantôme, qui effraye les Commenceants, C'est l'Intonation des Nottes Diesées ou Bémolisées.

Vaine jmage encor de difficulté. Les Dieses et les Bémols ne sauroient Exprimer aucun Intervale, que l'on n'ait vû, et que l'on n'ait sû entonner, dans les Leçons précédentes. La seule différence, c'est le changement de Noms; je m'explique. je suppose qu'il faille entonner, mi-✱ fa; Cette Intonation revient à celle-ci vt-re; ou re-mi; ou fa-sol; &c. comme je le prouveray; malgré la différence de Ton majeur, et de Ton mineur dont-on parle.

Qu'on mette vn Bemol ♭ sur mi, cette jntonation re-♭ mi revient à celle-ci mi-fa, ou si-vt malgré la difference qu'on fait encore, du demi Ton majeur, à celuy qu'on nõme mineur.

Qu'on veuille entonner re-✱ fa; n'est-ce pas là le même jntervale que vt-mi

Et s'il s'agit d'entonner vt-♭ mi, Il n'est rien de si facile quand on a sçû entoner re-fa &c. du moins les Instruments n'y mettent aucune différences; or les Instrumens sont les guides nécessaires des Voix.

On voit par là, que tous ces Intervales, dont les Termes sont Diésés ou Bémolés, ne sont que des déguisements, de ceux qu'on sait déja entoner avec aisance; ils n'ont donc rien qui doive paroitre difficile à ceux qui commencent.

A l'égard des Mesures, je montreray, qu'elles se réduisent toutes à celle qui se bat à deux Tems, et à celle qui se bat à trois Tems. Nous avons déja vû toutes les difficultés de celle, qui se bat à deux; 4 et 2 estant jcy la même chose. Il ne nous reste donc plus que les difficultés de celle de trois Tems, qui sont déja plus qu'à demi surmontées; y en ayant beaucoup qui y sont les mêmes; Telle que celle de dire quatre ou trois Nottes dans vn Tems; d'observer les silences, les Points, &c; En sorte qu'il n'y a que le Train, La Cadence dont cette Mesure cy va, qui soit différent de ceux de la Mesure à quatre Tems.

Qu'on ne s'jmagine donc pas, d'avoir encor bien du chemin difficile a faire. Ce n'est pas, que je prétende qu'vn Commenceant sache déja tout. n'y eut-il que de nouveaux Signes à se mettre dans l'Esprit, c'est toujours vne affaire; souvent aussi Il arrive qu'on n'a pas encor saisi à moitié des Principes, qu'on s'jmagine de comprendans toute leur étenduë ; joint à celà que les Maîtres, encor moins une Méthode, ne donnent n'y l'usage ni l'habitude ; mais seulement l'Art de les acquerir à moins de frais.

Mais il faut beaucoup de répétitions, et ce n'est gueres que par ce moyen, que l'on pénetre bien les explications, faites pour préparer à la pratique.

Voyons àpresent les difficultés, qui restent dans la Nomination, l'Intonation, et la Mesure.

Je ne commenceray pas cette fois, par la Nomination; ce que j'ay à en dire ne peut devenir jntelligible et pratiquable, que par la connoissance que je vais donner sur ce qui regarde encor l'Intonation et la Mesure.

Section Seconde.

Contenant ce que l'Intonation et la Mesure ont de moins facile à Savoir et à pratiquer; par où l'on prépare à comprendre, ce qui sera expliqué dans la section Suivante.

Chapitre Premier.

De l'Intonation jndiquée par les Nottes diesées ou Bémolées

Article Premier.

Analyse du nombre des Sons jntermediaires entre deux autres qui Sont en Seconde, en Tierce &c. par où l'on est disposé à pratiquer les Bémols et les Dieses.

Pour qu'un Ecolier entone avec plus de Seureté et d'aisance jl doit estre jnstruit de l'éloignement précis, qu'il y a entre les divers changements des Sons qu'jl forme.

Il sait déja ce que c'est que Ton-plein ; que demi-ton majeur ; que pour monter d'un Son à Son octave (en passant par tous les Degrés jntermédiaires, qui Sont aujourd'huy en vsage) jl faut former des Tons, entremêlés de demi-tons-majeurs: que mi-fa, et Si-vt désignent chacun vn demi-ton-majeur ; Et que toutes les autres Nominations, prises ainsi deux à deux désignent des Tons-pleins. Il Sait l'arrangem.t qui est entre ces Tons et ces demi-Tons ; cette Suite de Monosyllabes l'jndique, vt, re, mi, fa, Sol, la, Si, vt. Il n'a donc plus qu'un pas à faire pour connoitre l'éloignement précis des Sons de Tel ou Tel jntervale.

Il y en a de Sept Sortes. La Seconde, La Tierce, La Quarte, La Quinte, La Sixte, La Septieme, et l'octave, jls Se divisent (à la Quarte et à la Quinte près) en Majeur et Mineur ; leur difference est d'un demi-ton ; Ainsi la Tierce majeure vt-mi, par éxemple, a un demi-ton de plus, que cette Tierce-mineure Si-ré. C'est en quoy different aussi deux jntervales dont les noms Se suivent jmmédiatement ; Ainsi la Tierce-mineure re-fa, par éxemple, est composée d'vn demi-ton de plus que cette Seconde majeure re-mi.

Or voicy la suite jmmédiate des Intervales. La Seconde-mineure, La Seconde majeure. La Tierce-mineure, La Tierce-majeure. La Quarte, Le Triton. La Quinte. La Sixte-mineure, La Sixte-majeure. La Septieme mineure, La Septieme majeure.

Il n'en faut pas Savoir davantage pour s'jnstruire Soy même de l'éloignem.t précis de chacun de ces Intervales. Il n'y a pour celà qu'à commencer par le plus petit, qui est la Seconde mineure, les suivre tous jmmédiatement, et compter un demi-Ton de plus pour chacun, à mesure qu'on avance. Par cette regle, La Seconde-mineure estant composée d'un demi-Ton, La Seconde-majeure est composée d'un Ton. La Tierce mineure d'un Ton et $\frac{1}{2}$. La Tierce majeure de 2 Tons. La Quarte, de 2 Tons et $\frac{1}{2}$. Le Triton, de 3. Tons. La Quinte, de 3. Tons et $\frac{1}{2}$. La Sixte mineure, de 3 Tons et 2 demi-tons, ou de 4 Tons. La Sixte majeure, de 4 Tons et $\frac{1}{2}$. La Septieme-mineure, de 4 Tons et 2 demi-tons, ou de 5 Tons. La Septieme majeure de 5 Tons et $\frac{1}{2}$.

Les Savans ne manqueront pas de remarquer, que je confonds jcy le demi-ton majeur avec le mineur. Je répondray sur celà quand il sera tems.

Il y a encor l'intervale de la Quarte-diminuée, de la Quinte diminuée ou la Fausse Quinte; De la Sixte et la Septieme-diminuée. Ils sont tous en usage; Mais au fond chacun d'eux à son égal dans ceux que je viens de compter. La Quarte diminuée ♯ut-fa, par Exemple, n'est composée que de 2 Tons. de ♯ut-à-re, il n'y a qu'un demi-ton à cause de l'ut diesé; de re-à-mi un Ton; de mi-à-fa, un demi-Ton; Ce sont 2 demi-Tons, et un Ton. Ce qui revient à 2. Tons. Or la Tierce-majeure est aussi composée de 2 Tons. La Fausse-quinte ♯ut-Sol, par Exemple, ou Si-fa, est égale au Triton. On peut s'en convaincre. La Sixte-diminuée ♯re-♭si, est égale à la Quinte de ♯re-à-mi, un demi-ton; de mi-à-fa, un demi-ton; de fa-à-Sol, un Ton, de Sol-à-la un Ton; de la-à-♭si un demi-ton, à cause de si Bémolé; C'est en tout 2 Tons, et 3 demi-tons; ce qui se reduit a 3 Tons et $\frac{1}{2}$ dont la Quinte est aussi composée. La septieme diminuée enfin n'est qu'une Sixte-majeure on peut le voir dans l'Analise de la Septieme-diminuée ♯Sol-fa, en suposant que fa est l'aigu de ces deux Sons. Je vais exprimer en Musique ce que je viens de dire.

Je prendray ut pour le fondement de tous les Intervales. On en saisira plus promptement la Progression. On verra des Nottes bémolées, d'autres diesées; ce qui ne doit pas arrester dans l'Enumération des Tons, puis qu'on sait l'Effet de ces Signes, Et que d'ut-à-♭re, par Exemple, il n'y a qu'un demi-ton, le re estant abaissé d'autant par le ♭. Ces III. qui sont dans les demi Cercles désignent chacun un ton. et cette expression $\frac{1}{2}$, un demi Ton. Le total de tons et des demi Tons dont est composé chaque intervale, est marqué en bas.

Intervale	Nottes	Total
Seconde mineure	ut ♭re	$\frac{1}{2}$ ton.
Seconde Majeure	ut re	1 ton.
Tierce. mineure.	ut re ♭mi	1 ton et $\frac{1}{2}$
Tierce majeure.	ut re mi	2 tons
Quarte Diminuée	♯ut re mi fa	1 ton et 2 demi ou 2 tons
Quarte.	ut re mi fa	2 tons et $\frac{1}{2}$
Triton.	ut re mi ♯fa	3 Tons
Quinte Diminuée	♯ut re mi fa Sol	2 tons et 2 demi-tons, ou 3 tons.
Quinte	ut re mi fa Sol	3 tons et $\frac{1}{2}$
Sixte Mineure.	♯ut re mi fa Sol la	3 tons et 2 demi t. ou 4 tons
Sixte Majeure.	ut re mi fa Sol la	4 tons et $\frac{1}{2}$
Septieme Diminuée.	♯ut re mi fa Sol la ♭Si	3 tons et 3 demi ou 4 tons et $\frac{1}{2}$
Septieme mineure.	ut re mi fa Sol la ♭Si	4 tons et 2 demi ou 5. tons
Septieme majeure.	ut re mi fa Sol la Si	5 tons et $\frac{1}{2}$
Octave.	ut re mi fa Sol la Si ut	5 tons et 2 demi ou 6 tons

» Il est facile de Sentir l'vtilité des Notions, que je viens de donner. Il y a dans l'enceinte de l'octave des Intervales, qui Sont égaux quoy qu'jndiqués par des Nominations differentes. Tels Sont vt-re, re-mi, Fa-Sol, Sol-la, la-Si. Il en est de même de mi-Fa, à l'égard de Si-vt. La connoissance de l'égalité de ces Intervales, prévient fort heureusement l'Esprit d'vn Commenceant, et le prépare à ne point hésiter Sur re-mi, par Exemple, dès qu'il Sait entonner vt-re.

» Mais n'y auroit-il pas même vne Espece de necessité, à connoistre les Intervales majeurs et mineurs. Il faut en cent occasions, Former des Secondes mineurs Sur des Nominations qui par elles mêmes n'indiquent, que des Secondes majeures; celles-ci à leur tour Sont Formées Sur des Nominations, où l'on n'entone d'ordinaire que des mineures. Autant en arrive-t-il, à l'égard des Tierces, des quartes &c. Les Commenceans ont besoin dans ces rencontres, d'une mesure fixe, d'vn Guide Sûr; que la Voix puisse Suivre, Sans crainte de rester en dessus ou en dessous du Son qu'il S'agit de former.

» Or cette Mesure, ce Guide à l'égard des Intervales, qui ne Sont majeurs, que par le moyen d'un Diese ou d'vn Bémol, Sont les majeurs de la même Espece, jndiqués par la Seule Nomination; Et ceux-cy à leur tour devenus mineurs par le moyen d'un ✻, ou d'vn ♭; Se mésurent Sur les mineurs Exprimez par la Seule Nomination.

» Ainsi quand on Sait que re-✻-Fa est égal à vt-mi, on Se tire d'embarras en faisant précéder l'Intonation de cette Tierce-majeure, pour diriger la Voix Sur celle qui ne l'est que par un ✻.

» Je Sais qu'vn Maitre peut apprendre à entonner ces diverses Sortes d'jntervales, tant ceux que la Seule expression jndique, que ceux qui ne Sont tels que par le moyen d'un ✻ et d'vn ♭; Mais enfin ce Maître, Sur quoy Se regle-t-il luy même en ces rencontres? a-t-il un Guide, n'en a-t-jl point? Et S'il en a vn, pourquoy ne pas le montrer, à ceux qui S'en Serviront dans la Suite, aussi vtilement qu'il pouroit le faire luy même?

» Il me Semble donc, que lors qu'vn Commenceant est assuré Sur l'Intonation de tous les Intervales majeurs et mineurs, on doit luy faire comparer tous ceux qui Sont égaux, quoy qu'indiqués par des Nominations différentes;

» Lors qu'il Saura comparer ces Intervales, il faut qu'jl les entonne Sur les mêmes Sons, en donnant à Fa-Sol, par Exemple, les mêmes Sons qu'à vt-re, à mi-Fa les mêmes Sons qu'à ✻ vt re &c. Voicy le Plan qu'on peut Suivre. Où l'on verra des Dièses ✻ et des Bémols ♭ Successivement Sur la plupart des Expressions des Sons. Quoy qu'on ne mette d'ordinaire des Dieses que Sur l'vt, le Fa, et le Sol. Et des Bemols, que Sur le Si et le mi.

» Pour mieux faire sentir qu'il ne S'agit jcy que de Comparer les différentes expressions d'un même jntervale, J'aurois pu ranger les Nottes qui les désignent, de deux en deux, les vnes precissément Sur les autres; de cette Facon mais outre que les Dieses ✻ et les Bémols ♭ joints aux Nottes, eussent mis de la Confusion, Ce mélange auroit empeché de distinguer celles, aux quelles il S'agit de Comparer toutes les autres de deux en deux.

Article Deuxieme
37.
Comparaison des differentes Expressions des mêmes intervales, designez tantôt par les Simples Nominations, Et tantôt par les Dieses ✱ ou les Bémols qu'on y joint.
1.° Comparaison d'Intonation des Se=condes mineures que la Seule Nomination indique.
2.° Comparaison d'Intonation des Secondes majeures que la seule Nomination indique
3.° Comparaison de l'Intonation des Secondes mineures, indiquées par la seule nomination avec celles qui ne le deviennent que par le moyen d'un Diese ✱
la sans ✱; Sol sans ✱; re sans ✱;
4.° Comparaison de l'Intonation des Secondes mineures, avec celles qui le-Sont par un ♭.
Sol sans ♭. la sans ♭.
5.° Comparaison de l'Intonation des Secondes majeures de seule Nomination, avec celles qui ne le Sont que par le Moyen d'un Diese ✱ ou d'un Bemol ♭.
6.° Comparaison de l'Intonation des Tierces mineures que la Seule Nomination indique.
7.° Comparaison de l'Intonation des 3.es majeures de Seule Nomination.
8.° Comparaison de l'Intonation des Tierces mineures, avec celles qui ne le sont que par un ✱
9.° Comparaison de l'Intonation des Tierces mi=neures, avec celles qui ne le sont que par un ♭
10.° Comparaison des 3.es majeures, avec celles qui ne le Sont que par un ✱.
11.° Comparaison des 3.es majeures, avec celles qui ne le Sont que par un ♭.
12.° Comparaison de l'Intonation des Quartes diminuées ou mineures, avec celles d'une Tierce majeure à la quelle ces Quartes Sont égales.
Ceux qui ne goûterons pas Cette comparaison, n'ont qu'a la laisser. page. 38.e à la fin.

38
13.° Comparaison de l'Intonation des Quartes-majeures, ou Simplement des Quartes que la Seule Nomination indique.
14.° Comparaison du Triton ou de la Quarte-Superfluë Fa-Si, avec celles qui le deviennent par un ✻ ou un ♭.
15.° Comparaison de l'Intonation de la Fausse Quinte Si-Fa, avec celles qui ne le Sont que par un ✻ ou un ♭.
16.° Comparaison de l'Intonation des Quintes majeures ou Simplement des Quintes de Seule Nomination.
17.° Comparaison de l'Intonation des Quintes-majeures, avec celles qui le Sont par un ✻ ou par un ♭
18.° Comparaison des Sixtes-mineures de Seule Nomination.
19.° Comparaison des Sixtes-mineures de seule Nomination, avec celles qui le Sont par un ✻.
20.° Comparaison des sixtes mineures de seule Nomination, avec celles qui le Sont par un ♭.
21.° Comparaison des sixtes-majeures de Seule Nomination.
22.° Comparaison de l'Intonation des sixtes majeures de Seule Nomination, avec celles qui le Sont par un ✻ ou par un ♭.
23.° Comparaison des Septiemes diminuées.
24.° Comparaison de l'Intonation des Septiemes mineures de Seule Nomination, avec celles qui le sont par un ✻ ou par un ♭.
25.° Comparaison des Septiemes-majeures.
J'avertis, que je rendray raison des Comparaisons, qui ne paroissent pas justes.
Ce Sera dans les discours qui Seront à la Fin.

Article Troisieme

Avertissement au sujet des Leçons que l'on donne dans l'Article suivant.

Un avis fort utile à donner, c'est qu'avant que de chanter de suite chacune de ces Leçons, faites pour apprendre à entoner les Intervales diesés ou bémolés, il faudroit s'exercer sur leur diverses parties, dont l'une est la préparation et l'autre l'Imitation; les chanter l'une jmmédiatement après l'autre, en donnant le même son à la premiere notte de la préparation, qu'à la premiere de l'Imitation, et cela sans penser aucunement à mesurer les sons. Un commenceant tireroit des grands fruits de cet Exercice.

1°. Il se disposeroit à chanter sans heziter la Leçon toute entiere et de suite, et par consequent toute autre Musique, où seroient les mêmes Intonations.

2°. Il se familiariseroit avec les Intonations, qui paroissent si scabreuses à ceux qui n'y sont pas faits; il s'y familiariseroit dis-je, en sentant à loisir, et de sang-froid l'Egalité des Intervales qu'il sait entonner, avec ceux qui ne font de la peine, que par ce qu'ils sont deguisés.

3°. Il apprendroit par là, qu'elle est la Regle, la mesure fixe dont il peut se servir desormais, pour entoner avec sureté tous ces jntervales, qui paroissent si bizarres aux yeux.

En formant les jntervales des Leçons suivantes, Desquels les termes sont Diesez, il ne faut ni trembler, ni feindre un son jmmédiat au dessus de la notte Diezée; excepté que ces agréments ne soient expressément marquez. La pratique contraire fait que les Commenceans n'atteignent jamais dans la suite (si l'on peut parler de la sorte) Les vrayes bornes de ces jntervales.

„ Au reste Je prévois que quelqu'un pourroit m'objecter que, ces Leçons sont bien „ longues; et qu'elles Excedent aussi la portée ordinaire des voix. Je l'avouë; Mais „ ce n'est pas sans raison, que je leur Donne cette Double etenduë. Je ne pouvois faire „ sentir aux commenceans, ce que c'est que la Modulation, et leur rendre, pour ainsi „ dire, la tête harmonieuse et sonante, sans tomber successivement sur beaucoup de „ cordes, ou donner au chant Plusieurs chutes différentes. Ces chutes, ou ces Cadences „ ne peuvent venir comme d'elles même, sans qu'on en prépare les voyes, en passant au „ paravant sur tous les sons, qui sont comme les avant-coureurs qui les anoncent. „ Tout cela ne se fait pas dans un moment. Voila pour la Longueur des Leçons.

„ A l'égard de leur trop grande Etenduë en haut et en bas, J'ay eu en veuë, d'en „ donner à la voix des Commenceans; et de la leur faire developer, pour ainsi dire, ou „ du moins de leur apprester des occasions d'aprendre à adoucir les sons aigus, qu'ils „ ne peuvent former à plein; et de pousser sans effort les sons graves, aux quels ils „ ne sauroient bien fournir.

Article Quatrieme.

Leçons où en repassant sur toutes les difficultés des précédentes, on est conduit à l'jntonation des nottes diesées ou bémolées, par l'Intonation des Intervales que la seule nomination jndique, La quelle précéde toujours à propos, celle des Intervales qui ne sont égaux aux autres que par un Bémol ♭ ou un Diese ✱.

Les Leçons suivantes ne sont donc qu'un Tissu de préparations et d'jmitations, dont je marque le commencement par ce mot Préparation, ou par celuy-ci, jmitation. La suite

par des Points... La fin par deux petites Lignes //.
Leçon. Pour les Secondes devenuës majeures ou mineures par le moyen des Dieses ou des Bemols.
Lentem.t
Préparation
Imitation
prép
jmi
But de la précédente pour la durée des Sons et des Poses
Lentem.
pre
jmit
Prép
jmit
prép
Suite
Prép
jmit
pré
jmi
prép
Suite
jmit
Jmit
Suite
Jmit
J'ay fait 2 préparations à la Leçon suivante, parce qu'elle est un peu plus difficile que la précéden;
apres quoy j'auray Lieu de croire, que les comenceans n'auront plus besoin desormais de tant de menagem.
Leçon pour les Tierces devenuës mineures ou majeures par le moyen des Dieses ou des Bémols.
Gay.
préparation
jmitation
préparation
jmi
2e Leçon, But de la Leçon précédente pour la durée des Son et des Poses.
Gay
3e. Leçon, Dernier But des 2 Leçons précedentes pr. la durée des sons et des Poses.
Gay.

1.ere
prép
jmit.
prép
jmit.
2e
3e
1.ere
prép
jmit.
prép
Jmit.
prép
2e
3e
1.ere
Jmit.
prép
jmi
Prép.
Jmi...
pré...
2e
3e
1.ere
Jmi.
Jmi..
2e
3e

42
1.ere Leçon, pour les Quartes devenuës Mineures ou Majeures par les Dieses ou les Bemols.
pré..... jmi....
Legerement.
2.e Leçon, But de la précédente pour la durée des Sons et des Poses.
Legerement.
pré.... jmi.... pré....
Suite
jmi
Suite
prép.... But
Suite
pré..... But
Suite
1.ere Leçon, pour les Quintes devenuës Majeures ou Mineures par le moyen des Dieses - ou des Bémols.
gayement.
prép... But.
2.e Leçon, But de la Leçon précedente pour la durée des Sons.

pré.... But
prés jau
Suite
pré.... But
pré.... But
pré.... But
Suite
Suite
Suite
Suite
pré.... But
pré.... But
Suite

1.ere Leçon pour les Sixtes Devenuës Majeures ou Mineures par le moyen des Dieses ou des Bémols
Legerem.t
pré ...... //
But
2.e Leçon, But de la précédente p.r la Durée des Sons.
Suite
prep ...... //
But
Suite
Suite
pré ...... //
But
Suite

prep ...... But
Suite.
But pré ...... But
pré ...... But
Suite.
Suite.
1.e Leçon, pour les Septiemes devenuës Majeures ou Mineures par les Dieses ou les Bemols.
prep ...... But
2.e Leçon. But de la précédente pour la Durée des Sons.
prep ...... But
Suite.
Suite.

pré ...... But
Suite
prép .... But.
pré
Suite
.... But
Suite
pré .... But.
Suite
Suite
Suite

Avant de finir cet article des Dieses et des Bémols, remarquons que l'un et l'autre reignent sur toutes les Nottes, qui sont mises au même Degrés sans jnterruption, et souvent meme malgré cette jnterruption; Mais dans ce dernier cas, il me paroit qu'il y a faute, ou de la part du Copiste, ou jnadvertance de la part du Compositeur; Car pour supposer le Diese ✶, ou le Bémol ♭, jl faut necessairement être au fait de la modulation; Or tous les Musiciens n'y sont pas; Ainsi jl seroit plus sur, ce me semble, de Répeter ces Modificatifs, par tout où la Modulation les exige; au lieu de supposer àpure perte, que tous les Musiciens les y seront.

Article Cinquieme

Des Becarres

La Leçon suivante est faite pour s'exercer à pratiquer le Bécarre ♮; on sait, comme on l'a déja dit, que cette figure signiffie de remettre la Notte dans le Son qu'elle à d'ordinaire.

Surquoy il faut observer, que bien des Compositeurs mettent un Bémol ou un Diese a des Nottes qui doivent pourtant s'entonner à leur son ordinaire; Ce n'est pas sans raison. Le Chant qui précéde porte (en de certaines occasions) à former des jntonations diesées ou Bémolées, là où jl n'y a cependant ni Diese, ni Bémol; Le Compositeur qui le sent et qui veut le prevenir, met un Bémol à la Notte, que l'on est comme entrainé à Dieser; et un Diese a la Notte, qu'on ne manqueroit pas de Bémoler.

Quelques uns confondent l'vsage du Bécarre ♮, avec celuy du Diese ✶; Et employent même le Bémol ♭ et le Diese ✶, à la place du Bécarre ♮.

Remarquons encor vne pratique de quelques autres, qui n'jgnorant pas, que la Transposition donne des nominations, sur les quelles on entonneroit facilement tous les Jntervales, dont leur Musique est composée, jls aiment mieux charger de Dieses, et de Bémols chaque Notte en particulier; répetter cent fois ou l'un ou l'autre, et vouloir, ce semble, par là effrayer ceux qui seront la Dupe de ces Epouventails Chimeriques.

J'avertis d'avance les Commenceans, de ne pas s'y laisser surprendre.

Le moyen de sortir d'embarras dans ces occasions est bien aisé. Je le donneray en parlant de la Transposition; C'est là, où ce que j'auray à en dire, deviendra fort facile à comprendre.

Chapitre Second.

des diverses Sortes de Mesures.

Article Premier.

Qu'il n'y a que deux Sortes de Mesures.

Il n'y a que deux sortes de Mesures, celle qui se bat à deux Tems, et celle qui se bat à 3. Tems, toutes les autres, ne sont que des déguisemens de ces deux cy. Je l'ay déja dit.

Les Signes de toutes les Mesures ne marquent autre chose qu'un raport de chacune d'elles, avec celle qui se bat à quatre mouvements. je l'ay dit aussi, Il est temps de le developer.

Je supose toujours, que je parle à des personnes qui ne savent pas, ce que j'explique. aussi entray-je dans des détails, que d'autres pourroient trouver inutiles et ennuyeux. il n'y a qu'à les laisser.

Peut-estre n'y at'il naturellem.t que deux sortes de Mesures; Peut-estre est-il impossible de faire un Chant, dont le Train, la Cadence ne puissent s'ajuster, ni à la Mesure de deux Tems, ni à celle de 3. je n'entreprends pas cependant de le prouver; je fais fonds seulem.t sur le simple fait. je dis, qu'il n'y a réellement que ces deux Sortes de Mesures.

Distingnons d'abord toutes ces Mesures, en deux Classes. Les unes ont le nombre de leurs Tems pairement pair, comme aussi le nombre des Nottes de la meme espece, qui remplissent chacun de ces Tems, j'entends par nombre pairement pair, celuy dont les partages binaires Sont toujours égaux entr-eux. 64, par Exemple, divisé en Deux. donne deux fois 32: Celuyci donne deux fois 16; qui donne deux fois 8; qui donne deux fois 4. &c.

Les autres Mesures, où n'ont pas le nombre de leurs Tems, pair; ou le nombre des Nottes de la même Espece, qui en remplissent un Seul.

De cette derniere Sorte, Sont celles, dont un Tems ne peut-estre rempli que par 3, ou 6, ou 12, nottes de la même espece: Lesquels nombres 6.12 ne Sont pas pairement pair; puisque 3. ne l'estant pas, les multiplications qu'on en fait, ne Sauroient le devenir.

Les Mesures dont le nombre des Tems, et dont chaque Tems en particulier, est Susceptible d'vne division pairement paire, peuvent Se réduire à 2 Tems, Sans rien oster du Caractere des pieces, cela est évident. il ne S'agit après cette réduction, que de compenser par la lenteur de chaque Tems, la durée de tous ceux qui ont esté réduits en vn Seul; or le double-majeur C Se bat à quatre Tems, dont chacun peut Se partager en parties pairement-paires, ainsi que ceux du double-ordinaire 2, et ceux du double-mineur $\frac{2}{4}$ ou $\frac{4}{8}$; En voilà donc trois à deux Tems.

Les Mesures dont chaque Tems, ne peut pas Se remplir par un nombre pairement pair de la meme Espece de nottes, peut l'estre par 3 ou par 6 ou par 12 nottes égales en valeur; Et par consequent Se battre à 3 Tems égaux:

Or il n'y a point de Mesures, qui ne Soit de l'vne ou de l'autre Classe. Voyons-en quel-

1.er Exemple. 2.e Exemple.

ques Exemples; je Suppose, que cette premiere mesure C à quatre Tems, ait esté réduite au double-ordinaire 2 qui ne Se bat qu'à deux. Si de la lenteur dont je battray celle-cy, vn de Ses Tems dure autant, que le feroient deux de la premiere, Il est clair, que la Blanche du 2.e Exemple laquelle n'y vaut qu'vn Tems, durera autant que celle du premier, laquelle y vaut deux Tems.

On raisonnera de meme à l'égard des Noires; Je passe aux Mesures qui peuvent Se réduire ou plustôt Se developer à trois Tems.

1.er Exemple. 2.e Exemple

Le premier Tems de cette Mesure $\frac{6}{4}$, qui Se bat à 2 Tems, est rempli par une Blanche et vne Noire; ce qui est equivalant à trois Noires. le Second l'est en effet par 3 Noires.

La Blanche doit durer deux fois autant que la Noire; les 3 Noires du Second Tems Sont d'vne égale durée.

Qui empecheroit dont de régler la durée de ces Nottes, Sur vne Mesure battuë à trois Tems, dont les deux premiers détermineroient la Valeur de la Blanche &c. comme on voit dans le Second Exemple.

On en peut dire de même de toutes les Mesures, dont chaque Tems peut estre rempli par trois nottes de la meme Espece, Or cette proprieté est comune à toutes les Mesures Suivantes $\frac{6}{4}$, $\frac{6}{8}$, $\frac{9}{4}$, $\frac{9}{8}$, $\frac{12}{4}$, $\frac{12}{8}$, dont chaque Tems peut estre rempli, ou par trois Noires, ou par trois Croches. D'aillheurs ces 3 Mesures $\frac{3}{2}$. $\frac{3}{4}$. $\frac{3}{8}$. se battent a 3 Tems; C'est l'usage.

Je puis donc assurer, qu'il n'y a au fond, que deux Sortes de Mesures; celle qui se bat à 2 Tems, et celle qui se bat à 3. Tems. Toutes les autres ne sont, que des déguisemens de ces deux Mesures fondamentales.

Cependant dans la pratique, il seroit bien difficile, de se passer de l'une de celles, dont un seul Tems, vaut une Mesure entierere à 3

„ Remarquons, à propos de cette difficulté, l'origine de ces Mesures. Il y a bien des Chants „ qui ne sauroient s'ajuster qu'à celle de 3. Tems; quoy que la vitesse dont ils doivent être „ exécutés, ne permette pas de la répéter si souvent et si vîte. Les Compositeurs l'ont vû; „ aussi ont ils imaginé de réduire une Mesure entiere en un seul Tems; Et par consequent „ de chanter à ce seul Tems, tout ce qui estoit partagé à toute la Mesure.

„ Cette invention épargne la peine de faire tant de mouvemens, qui n'auroient pas manqué „ d'estre fort fatiguans et indistincts, par la Vitesse avec laquelle, il auroit fallu les bat„ tre; Mais on pousse toujours tout à l'Excès. Une seule Mesure auroit suffit pour celà, et „ deux desfondamentales, sont trois: Nous en avons douze. Trois qui se battent ou se rédui„ sent à 2 Tems. Neuf qui se battent ou se réduisent à 3 Tems.

„ Et qu'on ne dise pas, que ce grand nombre de Mesures n'est pas inutile, par la raison que „ les unes désignent un dégré de lenteur ou de Vitesse, que ne font point les autres. un petit „ mot mis au commencem.t du Chant, l'auroit déterminé à tel ou tel mouvement; et d'ailleurs „ y a t il rien de plus équivoque, que la signiffication des signes de toutes ces Mesures, „ par raport au degré de Vitesse ou de lenteur; Les uns employent le signe $\frac{6}{4}$, pour marquer „ qu'il faut battre légérem.t; les autres se servent de celuy-ci $\frac{6}{8}$, pour les airs qui doivẽ „ estre chantés fort posément, malgré l'idée de lenteur que donne la premiere; et celle de vi„ tesse, que donne la seconde, sur la quelle idée, une autre partie de Compositeurs se régle. „ Joignons à tout celà, la peine qu'ont les Commenceans, de se mettre dans l'esprit toutes „ ces differentes valeurs d'une même notte; Celle-ci ♪, par exemple, valant tantost un Tems „ dans $\frac{3}{8}$; tantost un demi dans C; tantost un quart dans $\frac{3}{2}$; tantost un sixieme dans $\frac{6}{4}$; „ tantost un tiers dans $\frac{6}{8}$. A quoy sert cette fatiguante et inutile variété? à quoy mene t elle? „ Quelle est la différence réelle qu'elle apporte au chant? Et si elle ne produit rien de nouv.au, „ que des nouvelles difficultés, Pourquoy l'introduire dans la Musique? Il est tems de pas„ ser à l'explication des signes de ces Mesures

Article Deuxieme.

Signiffication des Signes des Mesures. Nombre des Nottes de la meme Espece qui peuvent entrer, ou dans un seul Tems, ou dans une Mesure entiere. Preuve de tout ce qu'on avance.

Mais que signiffient les chiffres de ces Mesures? le voicy. Ces chiffres sont, ce qu'on appelle en Arithmétique des Fractions; Les quelles marquent un certain nombre de fois, la meme partie de quelque Tout.

$\frac{2}{4}$ Par Exemple exprime deux quarts; $\frac{2}{8}$, exprime deux huitieme; $\frac{3}{4}$ exprime 3 quarts; Ainsi le Chiffre qui est au dessous, représente le Tout; Mais le tout divisé en un certain nombre de parties; et le Chiffre qui est au dessus, marque le nombre de parties qu'on a de ce Tout.

Je ne puis m'enpecher d'entrer dans ce détail; on n'explique les choses qu'en les expliquant.

Rappellons à present, ce que j'ay dit, dans le premier Chef de difficulté de la Mesure,

Que la valeur de chaque notte, comparée à la durée de la Mesure entiere à quatre Tems, pouvoit s'exprimer de cette façon $\frac{1}{1}$ $\frac{1}{2}$ $\frac{1}{4}$ $\frac{1}{8}$ $\frac{1}{16}$ Ces Expressions Signiffient que la Ronde a toute la durée de la - Mesure, ou en d'autres Termes, Que la durée de la Ronde est égale à la durée de toute la Mesure.. $=\frac{1}{1}$

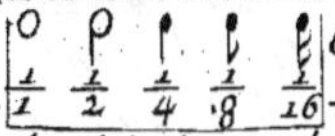

Que la Blanche est la moitié de cette durée.............. $=\frac{1}{2}$

Que la Noire est le Quart de cette durée.............. $=\frac{1}{4}$

Que la Croche en est le huitieme.............. $=\frac{1}{8}$

Que la Double-croche en est le Seizieme.............. $=\frac{1}{16}$

Quelle est donc la Signiffication du Signe de cette mesure $\frac{2}{4}$ C'est d'exprimer, que deux Quatriemes ou quelque chose d'Equivalant fournissent à sa durée entiere.

Or quelle est icy une Quatrieme? la voilà $=\frac{1}{4}$; aussi entre t'il dans cette Mesure $\frac{2}{4}$ deux Noires, ou quelques Nottes qui en équivalent la durée, comme l'on peut voir dans ces Exemples, et dans toutes les Musiques où cette Mesure se rencontre.

Diverses manieres de remplir tous les Temps de la Mesure $\frac{2}{4}$.

Quelle est la Signiffication de ce Signe $\frac{3}{4}$? C'est d'exprimer, que trois Quatriemes ou ce qui les équivaut fournit à la durée entiere de cette Mesure $\frac{3}{4}$.

Diverses manieres de remplir tous les Temps de la Mesure $\frac{3}{4}$

Ce Signe $\frac{3}{8}$ marque, que trois huitiemes remplissent toute la durée de cette Mesure; or une huitiemes $\frac{1}{8}$ C'est une ; aussi faut-il trois Croches, ou ce qui les équivaut, pour fournir à la durée de cette Mesure $\frac{3}{8}$. on le voit.

Diverses manieres de remplir tous les Temps de la Mesure $\frac{3}{8}$

Je vais marquer tout de suite les Mesures qui restent, et le nombre des Nottes qui en remplissent les Tems; on verra la verité de la Signiffication, que j'attribuë à leurs Signes.

Diverses manieres de remplir tous les Temps des Mesures $\frac{6}{4}$, $\frac{6}{8}$, $\frac{9}{4}$, $\frac{9}{8}$, $\frac{12}{4}$, $\frac{12}{8}$.

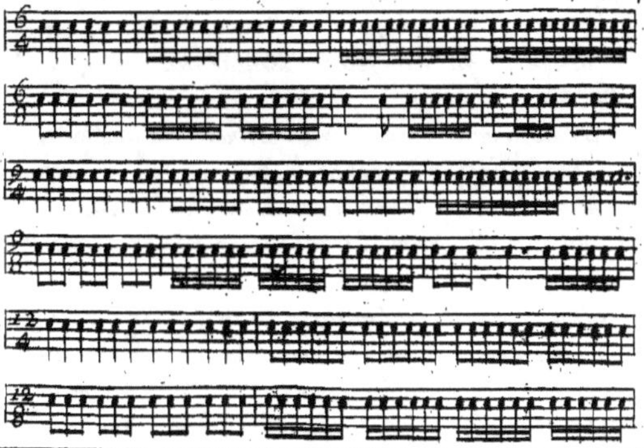

On voit donc, 1.° que le Signe de chacune des ces Mesures, ne marque autre chose, qu'un raport entr'elles, et la Mesure à quatre Tems; 2.° Que ce raport est le nombre des Nottes de la meme Espece, qui fournit à la durée de chacune, comparé avec celuy des Nottes de cette même Espece, qui remplit la durée de la Mesure a quatre Tems; Et que par Exemple, le Signe de la Mesure $\frac{6}{4}$ dit, dans cette Mesure $\frac{6}{4}$, il entre 6 de ces memes Nottes dont il en faut 4, pour remplir la durée de la Mesure à quatre C; Cette Mesure-ci est donc côme la mere-mesure.

Donnons un moyen aisé pour connoitre 1.° à combien de Tems Se bat chacune de ces Mesures; 2.° Combien de Nottes d'une certaine Espece, il entre dans chaque Tems. 3.° Quelle est cette espece de Nottes. Rangeons d'abord en 2 Classes toutes ces Mesures.

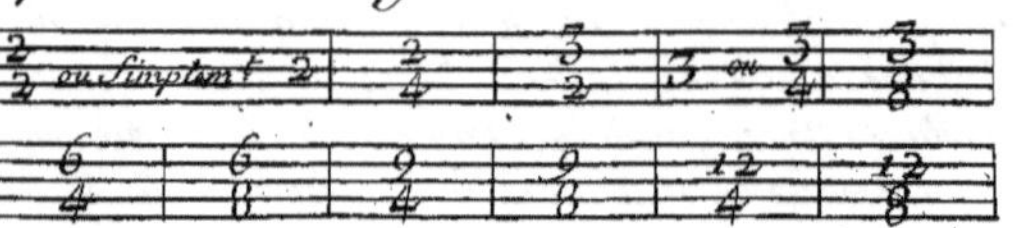

Pour Savoir les trois choses, que je viens de dire, il faut diviser par 1. le chiffre Superieur des Mesures de la P.ere Portée, Et par 3 le chiffre Superieur de celles de la Seconde Portée.

Le Résultat de la division apprend, 1.° à combien de Tems Se bat la Mesure. 2.° Le nombre par lequel on divise. apprend le nombre de Nottes qui entrent dans chaque Tems; 3.° Le raport de 2 chiffres de la Mesure, montre de quelle espece Sont ces Nottes.

Je divise par 1, le 3 de $\frac{3}{2}$ Il revient 3, C'est icy le nombre de Tems, au quel Se bat cette Mesure; 1, a esté le diviseur; Il entre donc une Notte à chaque Tems. Quelle est elle? C'est une des trois deuxiemes $\frac{3}{2}$;

Or une deuxieme est une Blanche $= \frac{1}{2}$;

Je divise par 3, le 6 de $\frac{6}{4}$. Le résultat en est 2; je conclus que cette Mesure $\frac{6}{4}$ Se bat à 2 Tems, dont chacun a trois Nottes, qui Sont des quatriemes; Selon cette Expression $\frac{6}{4}$. Or les Quatriemes Sont des Noires $= \frac{1}{4}$;

Ainsi en divisant par 1. le chiffre d'enhaut des Mesures, qui y ont 2 ou 3; Et divisant par 3. le chiffre Superieur de celles, où l'on y voit l'un de ces trois 6.9.12. l'on apprend 1.° à combien de Tems Se bat la Mesure &c.

On trouve quelquefois dans un Tems, plus ou moins de nottes qu'il n'en faut. Leur nombre en ce cas, détermine la Durée qu'on doit rester Sur chacune, en gardant toujours la proportion de valeur, que leur figure désigne entre elles; de Sorte que la blanche, par Exemple, dure une fois plus que la Noire. &c.

Lors donc qu'on verra 3 croches dans un Tems, ou il n'en doit entrer que deux; il faut Considerer ce Tems, côme divisible en 3 parties égales; ou côme une Mesure à 3 Tems; et Chanter les Nottes dans cette proportion. J'en dirois d'avantage, Si avec du noir et du blanc, je pouvois faire Sentir, des choses, qui ne devienent bien intelligibles que par la pratique.

Les Tems du Triple Majeur $\frac{3}{2}$, Sont quelquefois remplis par deux croches, au lieu de 2 Noires; ou par quatre Double croches Blanches, à la place de quatre croches Noires; ou enfin par un nombre de ces croches et doublescroches blanches équivala a deux. Ce qui marque une plus grande lenteur dans les mouvements.

Ainsi l'ont pratiqué Deux des plus grands Maitres, que nous ayons eu en france; on en peut voir des Exemples, dans les belles Cantates de Diane, à l'Air, vous par qui tant de Miserables &c. et dans celle D'Arethuse, a l'Air Terminés. &c.

Le caractere de certaines pieces exige, que l'on commence par une Notte, qu'on dit être hors de Mesure; Cecy se pratique dans la Bourée, dans la Gigue, qui commencent ou par une Noire, ou par une croche. Ces Nottes tombent sur la derniere partie du dernier Tems de la Mesure... Il faut donc les Chanter, en levant la main pour la mettre à portée de battre le premier Tems. Peut être donneray-je des Leçons, où toutes ces difficultés se trouveront rassemblées.

Ceux qui sont curieux d'en savoir d'avantage sur le sujet des Mesures, peuvent lire l'article suivant.

Article Troizieme.

Contenant les noms et les diverses rapports des Mesures, resultant des différentes Combinaisons de leurs Signes.

On peut diviser ces douze sortes de Mesures, en quatre manieres differentes.

1.° La Premiere consisteroit à mettre ensemble, celles qui ont le meme Numerateur (c'est le Chiffre de dessus.

Double-ordinaire.	Double-mineur.	Triple Double ou Triple majeur.	Triple simple ou Triple ord.re	Triple mineur.	Six-quatre.	Six-huit.	Neuf-quatre.	Neuf-huit.	Douze-quatre.	Douze huit.
$\frac{2}{2}$ ou $\frac{2}{2}$	$\frac{2}{4}$	$\frac{3}{2}$	$\frac{3}{4}$	$\frac{3}{8}$	$\frac{6}{4}$	$\frac{6}{8}$	$\frac{9}{4}$	$\frac{9}{8}$	$\frac{12}{4}$	$\frac{12}{8}$
1.°		2.°			3.°		4.°		5.°	

Cette Division comme on l'appercoit, montre une Suite de Numerateurs, qui va toujours en augmentant 2. 3. 6. 9. 12. Et nous donne lieu d'observer la raison du différent dégré de mouvement de ces Mesures.

Qu'on remarque 1.° que les Mesures, qui ont le meme numerateur, ont aussi le meme nombre de Tems. 2.° Que le degré de mouvement, dont on les bat, augmente a proportion à peuprès, de l'augmentation de leur dénominateur; J'entends le Chiffre du dessous. Voicy la raison de cette augmentation. Ces Nottes 𝅗𝅥 𝅘𝅥 𝅘𝅥𝅮; Par Exemple, qui dans la Mesure à quatre Tems, ont différentes Valeurs, sont cependant réduites à la meme dans ces trois Mesures $\frac{3}{2}$. $\frac{3}{4}$. $\frac{3}{8}$. ainsi la Blanche 𝅗𝅥, dans $\frac{3}{2}$; la Noire 𝅘𝅥, dans $\frac{3}{4}$; la croche 𝅘𝅥𝅮, dans $\frac{3}{8}$; ne valent chacune qu'un Tems; Et pour avoir égard à la différente valeur qu'ont ces Nottes dans la Mesure à quatre Tems, on bat ces Mesures plus ou moins vîte, selon la Notte qui y vaut un Tems; autre preuve que la Mesure à quatre Tems C, est cōme la Mesure-mere de toutes les autres. ainsi le $\frac{3}{8}$ se bat plus vîte que le $\frac{3}{4}$; et celle-ci moins lentement que le $\frac{3}{2}$; par ce que dans la premiere, c'est la Croche 𝅘𝅥𝅮, dans la Seconde c'est la Noire 𝅘𝅥, dans la Troisieme c'est la Blanche 𝅗𝅥, qui y vaut un Tems. Ce qui n'empeche pas l'usage arbitraire qu'on en fait par raport à la lenteur où à la Legereté. Nous l'avons déja remarqué.

4.° On peut diviser ces Mesures, de maniere que celles dont un Tems est rempli par le meme nombre de la meme sorte de Nottes, se trouvent ensemble, ainsi qu'on peut le voir.

Mesures où une ♩ vaut un Tems.	Mesures où une 𝅗𝅥 vaut un Tems.	Mesures où une 𝅗𝅥 vaut 2 tiers de Tems.	Mesures où une ♩ vaut 2 tiers de Tems.
C, 2/4, 3/4	2/2, 3/2	6/4, 9/4, 12/4	6/8, 9/8, 12/8

Cette division est tres utile, pour faire sentir, que les Mesures qui sont dans la meme Classe ne diffèrent, que par le nombre des Tems, aux quels elles se battent, et que d'ailleurs le train du Chant, la maniere d'égaliser les Nottes d'un meme Tems est le meme, à quel-qu'exception près.

Arrestons nous icy un moment, sur cette inégalité de Nottes de la meme Sorte dans la meme Mesure I.° quatre Nottes de la meme Sorte qui remplissent un Tems sont inégales en durée; la première et la Troisieme se tiennent plus que la seconde et la Quatrieme dans toute Sorte de Mesures. 2.° deux Nottes de la meme espece remplissant un Tems, sont égales dans les Mesures qui se battent, ou se réduissent à Tems pairs. 3.° deux Nottes de la meme Sorte sont inégales dans les Mesures qui se battent, ou peuvent se réduire à 3. Tems. 4.° Cependant c'est le Caractere des Pieces, qu'il faut consulter, et le goût qui leur est propre. Ce sont les Maitres qui l'apprennent, Et quelques fois ce sont des Termes exprès, que l'on écrit au Commencem.t On peut observer que les Nottes en Degrés-disjoints sont ordinairement égales en quelle mesure que ce soit. 5.° il faut distinguer cette inégalité dont nous venons de parler, de celle que demande le Point, laquelle est plus grande.

III.° On peut diviser ces douze Mesures, de telle Sorte, que celles qui se battent aux memes nombre de Tems, soient rangées dans la meme Classe.

1.° à 4 Tems.	2.° à 3. Tems.	3.° à 2 Tems.
C, 12/4, 12/8	3/2, 3/4, 3/8, 9/4, 9/8	2, 2/4, 6/4, 6/8

IV.° Enfin on peut diviser ces douze Mesures, de façon que, celles qui marquent à peu-près la meme lenteur, ou la meme gayeté dans les mouvements, soient de suite.

à 4 Tems graves p.r l'ordinaire.	à 3. Tems graves p.r l'ordinaire.	à 2. Tems graves p.r l'ordinaire.	à 4. Tems Legers p.r l'ordinaire.
C, 12/4	3/2, 9/4	2, 6/4	C, 12/8

à 3. Tems Legers pour l'ordinaire	à 3. Tems tres vites, ou à un Tems et demi.	à 2 Tems, pour l'ordinaire. Légers.	Précipités.
9/8, 3/8	3/8	6/8	2/4 ou 4/8

Pour battre la Mesure à deux Tems, on porte la main en bas comme en frapant; C'est le P.er Tems. On la leve en tirant vers le point d'où l'on estoit parti, C'est le 2.e Tems.

Pour battre la Mesure à trois Tems. On cõmence cõme à deux; Ensuite on leve la main en tirant vers la droite, ou vers la gauche, ce sont les deux P.rs Tems; de là on revient au point d'où l'on estoit parti, en voilà trois.

Le Triple-mineur 3/8 se bat à 3 Tems fort vittes, ou à 2. Tems inégaux, dont l'un soit le Double de l'autre. On baisse la main en frapant, on la leve cõme à la Mesure de deux Tems, mais on reste la moitié moins, qu'on a fait en bas; ou, après -

avoir battu le Pr. Tems, on leve la main comme en ligne perpendiculaire, en S'jmaginant que c'est le Second Tems de la Mesure, au quel on reste pour deux. C'est plus naturel et plus aisé, comme plus analogique à la Mesure à 3 Tems, qu'on feroit tres bien de battre auparavant, pour Sentir le Tems qu'il faut demeurer en haut.

Il faut observer que ce n'est pas battre la Mesure, que de ne pas marquer la fin et le commencement de chaque Tems, en S'arrestant à chacun, comme en frapant contre quelque chose; c'est là la Signification de ces Termes battre la Mesure. Je me Resouviens (à propos de cette distinction de chaque Tems) que j'ay toujours été Surpris, de la Maniere dont la plupart des Maitres de province, battent la Mesure. Leur main est dans une agitation Continuele. Elle ne decrit qu'vne Ligne, je ne Sais quelle, où l'on ne Voit, ni cõmencement, ni fin. On diroit qu'ils Se plaisent à Confondre tous les Tems; à quoy on ne Sauroit mieux reüssir qu'ils le font. Estce-la battre, fraper la Mesure, ou Se fatiguer vainement à faire des Mouvemens qui ne signifient rien?

J'ay fait deux Leçons, pour toutes les Sortes de Mesures.

La premiere est pour toutes celles, qui Sont ou peuvent Se réduire à 2 Tems; et la seconde pour toutes celles, qui Sont ou Sont censées à trois Tems.

Dans chacune de ces deux Leçons je commence par la Mesure, où le meme Chant est plus facile à mesurer; de là je le mets à celle, où il l'est moins. On peut regarder la durée des Sons, qui est dans les premieres, comme le developement de celle des dernieres; puis qu'on voit d'abord cette durée partagée en plusieurs Tems; au lieu qu'ensuite elle Se trouve resserrée en un Seul; comme par Exemple

Le premier vt blanche vaut 2 Tems. Le Second vt Noire vaut vn Tems. Le troisieme ut Noire vn $\frac{1}{2}$ Tems.

Dans la Seconde Leçon, Les Mesures où la meme Figure vaut la meme durée, Sont rangées Sur des portées qui Se Suivent jmédiatement; ainsi l'on voit $\frac{6}{4}$, Suivi de $\frac{9}{4}$; et celle-ci à Son tour Suivie de $\frac{12}{4}$ &c.; Par ce que la 𝅗𝅥, par Exemple, vaut deux tiers de Tems, dans toutes les trois. Vn Commenceant doit S'exercer d'abord Sur les Leçons qui Sont comme le developement des autres, et qui par consequent en deviennent la preparation; et de la passer Successivement à la 2e. 3e. 4e. &c. et S'il veut trouver ailleurs de la facilité à Mesurer les Sons des Mesures, dont le Tems Sont censez partagés en trois parties égales, Il n'a d'abord qu'à battre réellement à trois Tems chacun de ceux la.

J'ay déja dit qu'il me paroist jnutile, de faire la comparaison des différentes valeurs des Poses, avec celles des notes. On Sait que le Baton vaut quatre Mesures le Demi-Baton deux Mesures. la Pose vne Mesure entiere; on Sait que la Valeur de la demi-pose Se regle Sur la valeur de la Blanche 𝅗𝅥. Celle du Soupir, Sur la Noire; celle du demi-Soupir, Sur la Croche; celle du quart de Soupir, Sur la Double-croche. N'en voilà t'il pas assés, pour n'estre point embarrassé Sur cela? On me demande, par Exemple, que vaut la demi pose dans la Mesure $\frac{3}{2}$? Si je Sais que la Blanche y vaut un Tems, ma reponse est preste. On ne verra donc dans ces Leçons que le, le, le parce qu'il n'y a que ces poses dont l'Execution Soit difficile.

Article Quatrieme.

Leçons ou l'on s'exerce a Exprimer la Durée des Nottes, a quelque Mesure que ce Soit avec une telle Suite, et un tel enchainement, que c'est Savoir déja Mesurer les Sons de la Sui=vante, que de Savoir Mesurer Ceux de la Leçon qui précede.

Leçons pour les Mesures a deux Temps.

1.ere
2.e
3.e
4.e
1.re
2.e
3.e
4.e
Leçons pour les Mesures à 3 Temps.
1.ere Lent.
2.e gracieusem.t
3.e gravem.t
4.e gravem.t
5.e gravem.t
6.e tres vitte
7.e Légérem.t
8.e Légérem.t
9.e Légérem.t

1.er
2.e
3.e
4.e
5.e
6.e
7.e
8.e
9.e
1.er
2.e
3.e
4.e
5.e
6.e
7.e
8.e
9.e

Article Cinquieme

Observation au Sujet de la Leçon Suivante.

Une Leçon, dont chaque partie auroit une Mesure différente, et qui seroit d'une étenduë, à les contenir toutes Méthodiquement rangées, me paroit d'une tres grande utilité pour les Commenceans; Sur tout si on y faisoit entrer toutes les difficultez de l'Intonation et de la Mesure; et les diverses Manieres de remplir les Temps.

Les Commenceans y sentiroient par pratique, le raport du différent nombre des Temps, de ces Mesures, et des divers degrés de leur Mouvement.

J'ay suivi ce projet dans la Leçon suivante, dont les premieres parties sont aux Mésures à 4 Tems; les secondes à 3 Tems, et les dernieres à 2 Tems.

Dans chacune de ces trois Classes, je commence d'abord par les Mesures, où les Sons sont les plus faciles à Mesurer. Les voila rangées selon l'ordre qu'elles ont dans la Suite du chant.

I.° C ¢ $\frac{12}{4}$ $\frac{12}{8}$ II.° $\frac{3}{2}$ $\frac{3}{4}$ $\frac{3}{8}$ $\frac{9}{4}$ $\frac{9}{8}$ III.° 2 $\frac{2}{4}$ $\frac{6}{4}$ $\frac{6}{8}$

Leçon dont les différentes parties sont à autant des Mesures différentes Methodiquement rangées dans la Suite du chant.

à quatre Tems graves.

à quatre Tems Legers.

à quatre Tems graves.

à quatre Tems Legers.

à trois Tems graves.
à trois Tems gays.
à trois Tems fort Vitte.
à trois Tems graves.
à trois Tems Legers.
à deux Tems Lents d'ordinaire.
à 2 Tems tres Vitte.
à deux Tems graves.
à deux Tems Legers.

Troisieme Section

Contenant ce qu'il y a de plus difficile dans la Nomination, Et quelques autres difficultés de l'Intonation de la Mésure.

Chapitre Premier

de la Transposition.

Article Premier

Ce que c'est que la Transposition.

Nous voicy enfin arrivés à cet effrayant monstre de difficultés; La Transposition. Si c'est un monstre, c'est un Monstre jmaginaire; Et c'est de toutes les connoissances de la Musique, la plus facile à acquerir; vn peu de Mémoire et d'vsage. suffit.

„ Il y a trois manieres de chanter par Transposition. La premiere consiste à entonner „ les Intervales qu'elle jndique, sans changer les noms que la Clef donne aux Nottes. „ Je n'adopte point celle pratique. La raison? C'est que je ne concois pas qu'vn Cõmenceant, „ tout vacilant encore dans l'Intonation, puisse l'executer sur des noms qui offrent à son „ jmagination, des Intervales tout différens de ceux, qu'il s'agit d'entoner pour lors. Qui „ demandent, par Exemple, l'Intonation de mi-fa à la place de celle de re-mi. Et re mi, là où „ jl trouvera vne grande difficulté de ne pas entoner mi-fa, Et qui en un mot bouleversent tout „ le Systeme d'Intonation, qu'il estoit sur le point de saisir. N'est-ce pas là, luy faire aban- „ donner le terrain, qu'il avoit déja gagné avec tant de peines? revenir sur nouveaux „ frais à toutes les difficultés de l'Intonation? et ébranler au surplus, les fondemens „ qu'on en avoit etabli?

„ La Seconde et la troisieme maniere de chanter par Transposition aboutissent au même „ terme, mais par différentes voyes: Dans l'vne et dans l'autre, le but est de chercher, et „ de trouver des nominations, destinées à marquer les Intervales, que demande la Transpo- „ sition. La différence que je trouve entre ces deux manieres, c'est que l'vne est bien plus facile „ que l'autre, et conduit surement au terme; l'autre peut en ecarter, et n'y sauroit conduire, s'il „ est permis de le dire, que ceux qui y sont déja parvenus. C'est là un de ces moyens, qui „ exigent, pour en faire vsage, des connoissances qu'on n'a pas; et qui deviennent jnutiles „ dés qu'on les a.

„ Le Voicy. Pour trouver les nominations, qui expriment les Intervales, que la Trans- „ position demande, Il faut dire vt sur la Notte fondamentale, Quand le Ton est Majeur; „ mais si le Ton est Mineur, on doit nommer ré la Notte fondamentale dans la Transposit.on „ des Bémols; et la, dans celle des Dieses.

„ Je me trompe bien, si dans cette Pratique que je propose, les moyens ne sont pas la fin, „ et la fin les moyens. Pour que des Cõmenceans connoissent, si le Ton, est Majeur ou mineur, „ Il est nécessaire, ce me semble, qu'ils sachent auparavant quelle est la Tierce, qu'on „ peut élever sur la Notte fondamentale. Mais y a-t'il pour eux un autre moyen d'y „ réussir, que de connoitre les nominations de cet Intervale? Et d'ailleurs, cette Notte „ fondamentale où la prendront-ils? leur partie, et celle de la Basse-continuë meme „ ne parle guere qu'aux savans; le Ton pouvant cõmencer par toute autre Notte, que la „ fondamentale, et quelquefois aussi par une Notte, qui meme n'est pas une des 3 essentielles „ au Mode. Vn peu de composition à lors ne fait pas mal; or ceux à qui je voudrois „ enseigner cette maniere de chanter par Transposition, ne savent ni si le Ton est ma-

„jeur ou mineur; ni quelle est la Tierce de la Notte fondamentale; ni quelles en Sont „les Nominations; ni où est cette Notte fondamentale; Et s'ils avoient ces connoissances, il „me paroît que, ce Seroit à pure perte, que je me mettrois en frais de les leur donner. „Je n'apprendray donc dans cette Méthode d'autre maniere de chanter par Transposi„tion, que celle que je vais expliquer.

La Transposition, est un changement des noms, Et conséquemment de l'Intonation que les Nottes ont, lors que l'on ne consulte que la Clef; Le quel changement Se fait par le moyen des Dieses, ou des Bémols que l'on met apres la Clef.

J'ay dit que la Transposition est un changement des Noms; parce que Telle Notte qui se nommoit, Par Exemple, mi, (à ne consulter que la Clef) devra par la Transposit.on Se nommer la, comme il paroist dans cet Exemple.

au Naturel. — Transposition.

mi — la.

J'ay dit en deuxieme Lieu, que la Transposition est un changement des Noms, Et par conse=quent de l'Intonation que les Nottes avoient.

Car la Transposition placeant vt, re, mi, fa, Sol, la, si, vt. Sur d'autres Lignes et dans d'autres Espaces, que ne le fait la Clef, Les demi-tons et les Tons changent reciproquem.t de place Sur la Portée; les vns Se trouvant là, où estoient les autres, C'est l'effet de la Transposition, et le but de ceux qui l'ont jnventée. Ainsi dans le Premier Exemple où l'on chante au Naturel, de mi à fa,

Premier Exemple au Naturel. — Second Exemple Transposition.

mi. fa. — la. si.

Il n'y a qu'vn demi-ton; au lieu que par la Transposition, de la-à-si, jl y a vn Ton plein; quoy que l'vn et l'autre Soit dans le meme Espace et Sur la meme ligne.

J'ay dit enfin, que ce changement de Nom et d'Intonation, Se fait par le moyen des Dieses et des Bémols qui Se mettent jmmédiatement après la Clef. Voicy comment.

Quand on a placé la Clef, on met un Diese ✻ Sur l'endroit de la Portée, où la Clef donne fa, et dès ce moment, la Notte qui est, ou Sera dans cet endroit, S'apelle si.

Nous voilà hors du redoutable Labyrinthe.

Dès qu'on en est parvenu, à Savoir le nom de la Notte, qui Se trouve Sur la place où est le Diese ✻, ce qui reste à faire n'est plus qu'vn badinage, pour connoistre le nom des autres Nottes, il ne S'agit que de consulter cette suite constante, vt, re, mi, fa, Sol, la, si, vt, re, mi, fa, &c.a en montant; Et vt, si, la, Sol, fa, mi, re, vt, si, la, &c.a en descendant. Rendons ccoy Sensible

au Naturel — Transposition. — au Naturel. — Transposition.

fa — si ut re mi fa Sol la si ut. — fa — si la Sol fa mi re ut.

Je comprends tout cela dira un Commenceant. Le Diese ✻ qui opere la Transposition Se place, où la Clef indiqueroit fa; Des que le Diese y est, ce fa Se change en si; Et le si de=vient comme un pivot, Surquoy roule cette revolution periodique si, vt, re, mi, fa, Sol, la, si, vt, re. &c. ou en descendant si, la, Sol, fa, mi, re, vt, si, la. &c; Tout cela n'a rien qui arreste; Mais s'il en faloit venir, à nommer les Nottes, qui Sont en degrez disjoints, toute ma Sience S'evanouit.

Voila ce qu'on pourroit dire, Si l'on n'avoit pas apris, à nomer toutes sortes d'jntervales, dans les Leçons précédentes. Or dans la Transposition, comme au Naturel le même systeme reigne. Apres vt S'il S'agit de monter à la Tierce, Suit toujours mi &c.

Article Deuxieme.

Ordre du rang des Dieses.

J'ay dit, que l'on placeoit le P.er Diese ✻, où la Clef jndiquoit Fa; Et que ce Fa Se changeoit en Si.

Il en est de meme de chacun des cinq Dieses ✻; il Se met à son tour, où celuy qui l'a précédé a donné Fa, à la place de quoy on dit Si.

Transposition par 1. Par 2. Par 3. Par 4. Par 5. Dieses.

Fa.....si. Fa.....si. Fa.....si. Fa.....si. Fa.....si.

En quel Nombre que Soient les Dieses ✻, il n'y en a qu'un, que l'on consulte pour donner aux Nottes le Nom qui leur faut; Et qui est parconsequent comme la Clef de ces Noms. Ce Diese ✻ est celuy qui est le dernier, dans l'ordre que l'on vient de voir. Il ne Sera pas jnutile d'en remettre l'arrangement devant les yeux.

1.er Diese. 2.e Diese. 3.e Diese. 4.e Diese. 5.e Diese.

Si. Si. Si. Si. Si.

1.° Lors donc qu'il n'y a qu'vn Diese, on dit Si, à la place où il est; C'est celle où il y avoit .... Fa, avant la Transposition.

2.° Quand jl y en à deux on dit Si, à la place où est le Deuxieme; C'est celle où l'on disoit .... vt, avant la Transposition.

3.° Quand jl y en à trois, on dit Si, à la place où Se trouve le troisieme; C'est celle, où l'on disoit .... Sol, avant la Transposition.

4.° Quand jl y en à quatre, on dit Si, là où est placé le quatrieme Diese; C'est celle, où l'on disoit .... re, avant la Transposition.

5.° Quand jl y en à Cinq, on dit Si, à la place où Se trouve mis le Cinquieme Diese; C'est celle, où l'on disoit .... la, avant la Transposition.

Et ce Si, devient le Centre que l'on consulte, en quelle place que Soit vne Notte dont on demande le Nom.

Qu'on veüille Savoir, par Exemple, Le Nom de cette Notte (1.er 2.e Diese. — re)

J'ay d'abord recours au Diese qui est placé le dernier; j'oy c'est celuy qui est au P.er Espace d'enbas, d'où partant en y nommant Si, je trouve re Sur la Notte &c.a

Article Troisieme

De la Transposition des Bémols.

Il y a quatre Sortes de Transpositions par Bémol ♭; Les quelles resultent du différent nombre qu'on en peut mettre après la Clef.

Le Premier ♭ Se met où la Clef jndique Si, qui Se change en fa par le Bémol ♭; Si l'on en met un Second, un troisieme, un quatrieme, C'est toujours Sur la Ligne, ou dans l'Espace où le précédent Bémol assignoit Si, au lieu du quel on dit Sa; C'est ce nom de Fa, donné au Premier, ou au Second, ou au troisieme, ou au quatrieme Bémol qui détermine luy seul, le nom de tous les Espaces et de toutes les Lignes de la Portée.

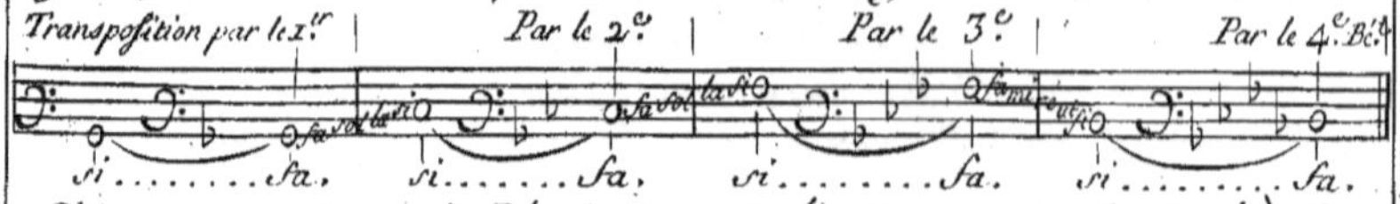

Transposition par le 1.er | Par le 2.e | Par le 3.e | Par le 4.e Bé.

si .... fa. si .... fa. si .... fa. si .... fa.

Observons, que chacun des Bémols etant placé à son tour, sur le Degré où se trouve successivement Si, par la Clef où par la Transposition précédente.

1.° Le Premier ♭, tombe là où il y avoit Si, avant la Transposition.
2.° Le Second ♭, là où il y avoit..... mi, avant la Transposition.
3.° Le troisieme ♭, là où il y avoit..... la, avant la Transposition.
4.° Le quatrieme ♭, là où il y avoit..... re, avant la Transposion.

Observons encor que la Transposition paroist quelquefois à 2, à 3; &c.a Dieses ✕ ou Bémols ♭, et qu'elle ne l'est pas à tant. Ceoy arrive quand on met des Bémols, ou des Dieses à l'octave les uns des autres. Ce n'est joy, par exemple qu'une Transposition a un Bémol,

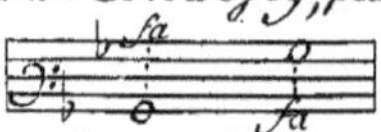

fa fa

Parce que l'un des deux, n'est que l'octave de l'autre. Et puis qu'un seul suffit, je ne vois pas pour quoy, on charge la Clef de tant de Bémols ou de Dieses inutiles, qui d'ailleurs déroutent bien souvent les Commencants.

Article Quatrieme.

Raison et Nécessité de la Transposition.

Cette Raison et cette Nécessité sont fondées sur quelques principes que je vais exposer.
1.° Les sons d'ut, de re, de mi &c.a ont sur les Intrumens des places fixes et invariables. Les Instruments sont comme le Centre d'unité, au quel les voix doivent convenir, pour qu'elles puissent convenir et s'accorder entr'elles. Il s'ensuit qu'elles doivent former sur ut sur re &c.a les memes sons que les Intruments.

II.° Il en est de meme des Degrés de la Portée; chacun d'eux à sa touche marquée sur les Instrumens il le faloit nécessairement; sans ce raport des Degrés avec les touches, les Instrumens n'auroient pû exécuter aucune Musique; et seroient devenus des Guides muëts, que les voix ne pouroient consulter. Il est donc évident que celles-ci doivent être à l'unison de ceux là, lors qu'elles passent sur les memes Degrés. Sans quoy, point d'accord entr'eux.

III.° Quoy que les sons D'ut, re, D'ut, mi; D'ut, fa. &c.a ayent leurs touches affectées, celà n'empeche pas, qu'on ne puisse sur les autres, former les Intervales de seconde, de Tierce, de Quarte &c.a Majeure ou Mineure, que désignent ces Nominations. Il n'y a pour celà qu'à mettre le doigt plus haut, ou plus bas. On me demande, par exemple l'Intervale qu'exprime ut-mi, Mais aux environs des touches, destinées à celuy de re-fa. Les deux sons du P.er ut-mi sont éloignée d'un demi-ton de plus, que les deux sons du dernier re-fa; j'avance donc d'une touche de plus.

On voit par là qu'une Musique peut-estre executée sur les Instrumens, aussi haut et aussi bas qu'il se puisse; puis qu'il ne s'agit, que de la commencer sur les touches qu'on demande, et de faire les Intervales de Seconde, de Tierce &c.a majeure ou mineure, dont elle est composée.

IV.° Que vt-re, ait esté destiné à marquer vne Seconde-majeure; mi-fa, vne Seconde mineure &c.ª Tout cela fut arbitraire, il dependoit de la fantaisie des inventeurs, de donner à mi-fa, la Signification de vt-re; et à re-fa celle D'vt-mi. &c.ª

Cependant, il est tres difficile de chanter un Air, Sur des Nominations qui n'expriment pas les intervales accoutumés. La raison nous montre, qu'il faut vne attention bien grande pour attacher à un meme Signe des idées différentes; et l'Experience nous fait Sentir, qu'il la faut encor bien plus grande cette attention, pour résister à l'habitude de pratiqu. les memes choses, à la vuë des memes Signes.

Voilà les Principes; je viens au fait. Un Musicien a Composé un Chant qu'il veut faire exécuter par telle Partie, ou le Dessus, ou la haute-contre &c.ª Il observe, en le nottant Sur la Portée, de le mettre Sur des Degrés qui ne Soient ni trop haut, ni trop bas pour cette Voix, qui doit Selon le 2.e article, faire les memes Sons que l'Instrument, lors qu'elle passe Sur les memes Degrés: Les quels Sons d'vt, de re &c.ª Sont fixes et invariables, Selon le P.er article.

Observant de mettre ce Chant, à portée d'estre exécuté par telle Partie, il arrive souvent que les Intervales, dont il est composé, tombent Sur des Nominations, qui ne les expriment pas naturellement (j'entens qu'elles ne leur Sont pas affectées par la coûtume) l'Intervale d'une Tierce majeure, par éxemple, tombera Sur des Degrés dont le nom est re-fa... Cela n'empechera pas, que les instrumens ne puissent éxécuter le Chant, Selon ce qui a esté dit dans le Troisieme article; Mais l'Execution en Seroit tres difficile aux Voix, comme il vient d'estre montré dans le 4.e Article. La Transposition vient à leur Secours; elle donne aux Intervales de ce Chant, des Nominations Sur les quelles on a accoutumé de les entoner.

Une raison plus generale encor, c'est que les Nominations au naturel, n'indiqueroient, les Secondes, les Tierces &c.ª majeures ou mineures, que par le moyen des Dieses ✻ ou des Bémols ♭, mis Sur chaque notte en particulier. Et pour ne pas causer de la confusion, en répétant Si Souvent ces Bémols, ou ces Dieses dans la Suite d'un Chant, on les place d'abord après la Clef Sur tous les Degrés, où l'on veut qu'ils regnent. Là ils donnent des Nominations qui indiquent au pied de la Lettre, et Sans modification, les Intervales qu'il S'agit d'entonner.

On voit, par tout ce que je viens de dire que l'Effet et le But de la Transposition, est de mettre toute Sorte de Chants à portée d'estre éxecutés par quelle Voix que ce Soit.

Article Cinquieme

Fruit qu'on peut tirer de la Transposition.

Il est des Musiques, où la pluspart des nottes Sont bémolées ou Diesées. C'est la pratique sur tout de Messieurs les Italiens. Elle change absolument les Intervales qu'indiqueroient les Simples Nominations; Et par là, elle rend l'Intonation tres difficile à ceux qui Se laissent épouvanter par ce déguisement. Le moyen alors de Sortir d'embarras. — C'est 1.° de bien Se ressouvenir que ni les Dieses ni les Bémols ne Sauroient indiquer aucun Intervale, qui ne puisse estre exprimé par les Simples Nominations. vt re mi fa Sol la Si vt. differamment combinées. 2.° C'est de voir Sur quelles Nottes, et en quel nombre Sont ces Dieses, ou ces Bémols. 3.° C'est d'en Supposer autant immédiatem.t après la Clef. 4.° C'est de nommer les Nottes, du Nom que cette Transposition leur donne. Et les Simples nominations, qui tomberont par là à chaque intervale, indiqueront ceux qu'il

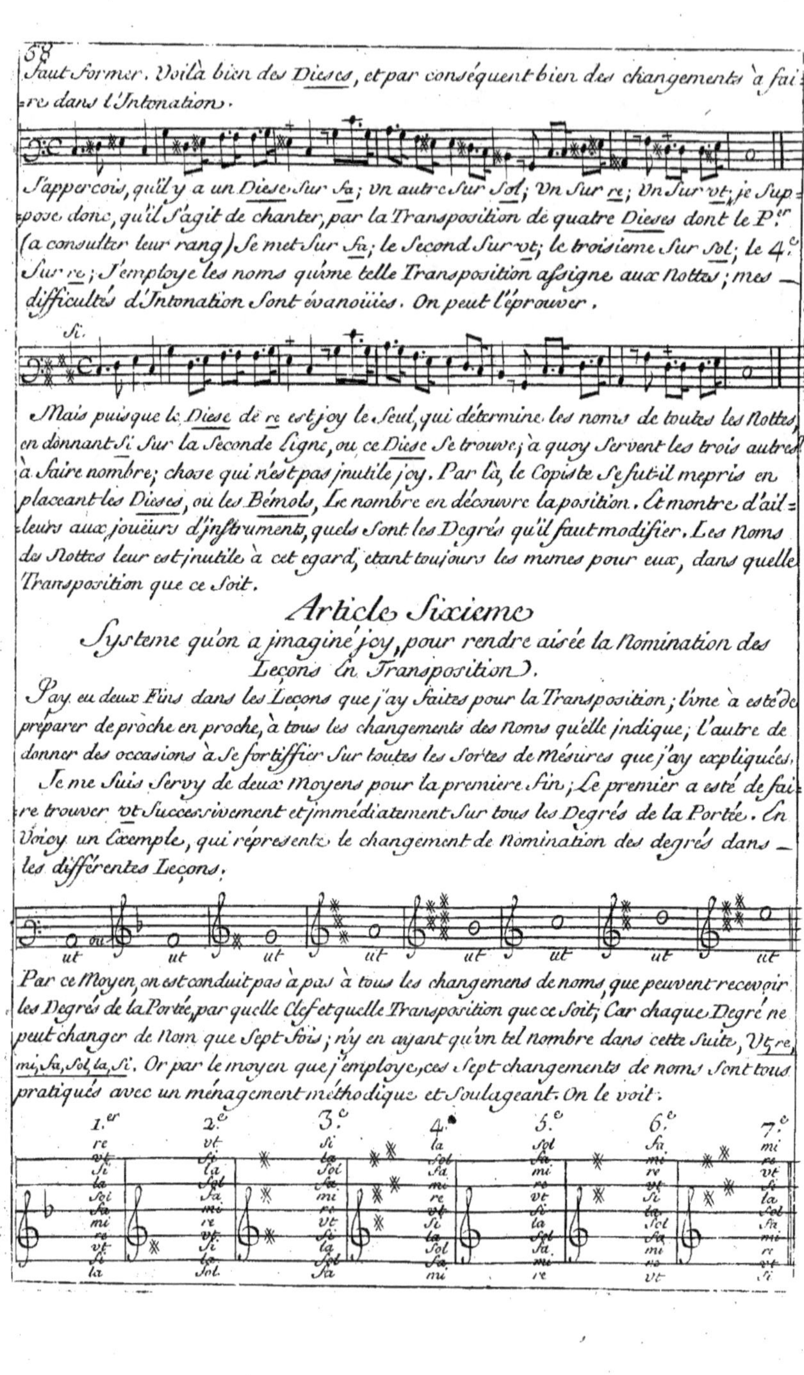

faut former. Voilà bien des Dieses, et par conséquent bien des changements à faire dans l'Intonation.

J'apperçois, qu'il y a un Diese sur fa; vn autre sur sol; vn sur re; vn sur vt; je suppose donc, qu'il s'agit de chanter, par la Transposition de quatre Dieses dont le P.er (a consulter leur rang) se met sur fa; le second sur vt; le troisieme sur sol; le 4.e sur re; J'employe les noms qu'une telle Transposition assigne aux Nottes; mes difficultés d'Intonation sont évanoüies. On peut l'éprouver.

Mais puisque le Diese de re est icy le seul, qui détermine les noms de toutes les Nottes, en donnant si sur la seconde Ligne, où ce Diese se trouve; à quoy servent les trois autres? à faire nombre; chose qui n'est pas jnutile icy. Par là, le Copiste se fut-il mepris en placeant les Dieses, ou les Bémols, le nombre en découvre la position. Et montre d'ailleurs aux joüeurs d'instruments, quels sont les Degrés qu'il faut modifier. Les Noms des Nottes leur est jnutile à cet egard, etant toujours les memes pour eux, dans quelle Transposition que ce soit.

Article Sixieme

Systeme qu'on a jmaginé icy, pour rendre aisée la Nomination des Leçons en Transposition.

J'ay eu deux Fins dans les Leçons que j'ay faites pour la Transposition; l'vne a esté de preparer de proche en proche, à tous les changements des Noms qu'elle jndique; l'autre de donner des occasions à se fortiffier sur toutes les sortes de Mésures que j'ay expliquées.

Je me suis servy de deux Moyens pour la premiere fin; le premier a esté de faire trouver vt successivement et jmmédiatement sur tous les Degrés de la Portée. En voicy un exemple, qui répresente le changement de Nomination des degrés dans les différentes Leçons.

Par ce Moyen, on est conduit pas à pas à tous les changemens de noms, que peuvent recevoir les Degrés de la Portée, par quelle Clef et quelle Transposition que ce soit; Car chaque Degré ne peut changer de Nom que sept fois; n'y en ayant qu'vn tel nombre dans cette suite, vt, re, mi, fa, sol, la, si. Or par le moyen que j'employe, ces sept changements de noms sont tous pratiqués avec un ménagement méthodique et soulageant. On le voit.

On doit Sentir la raison, que j'ay eu de ne pas Suivre l'ordre, qu'auroit jndiqué la Trans=position d'vn, de deux &c.a Dieses ou Bémols. Cet ordre là ne contribuë rien du tout à la faci=lité des Nominations; Vn Començant n'ayant pas plus de difficulté de nommer Si, par Exem=ple le Degré, où la Clef donne Fa, que celuy où elle jndique tout autre Nom; Ce Commen=ceant n'estant pas fait d'avantage à vne Nomination qu'a l'autre.

Le Second Moyen dont je me suis servi, pour préparer aux Changem.ts de Nominations a esté, de répéter deux foix la meme Leçon; 1.o a une Clef, ou à une Transposition, où l'on estoit déja rompu, et où les Noms ne Sont pas difficiles à trouver. 2.o a une Transposition nouvelle.

Il est évident, que les Nominations d'vne Leçon qu'on Sait comme par memoire, Se trouvent facilem.t sur des places, qui touchent de si près celles, ou estoient ces memes Nominations.

Pour conduire à la Seconde Fin, que j'ay eu dans ces Leçons, j'ay mis au Commencem.t de chacune, les différentes Mesures, aux quelles elle pouvoit S'executer.

Article Septieme.

Leçons, où en Se rompant de plus en plus Sur toutes les difficultés des précédentes, on S'exerce à chanter Sur toutes Sortes de Transpositions par Bémols et par Dieses; avec un tel changement de Nomination, que celles de la Leçon qui précede, conduisent insensiblement à la Nomination de la Leçon Suivante;

Premiere Leçon. Où nommant vt, par Exemple, la Notte qui est placée dans le dernier Espace d'enbas, l'on commence à S'assurer Sur la Nomination de la Leçon qui Suit; en Faisant attention, quand on la chantera, que chaque Nomination est placée vn Dégré plus haut, qu'a la précédente Leçon.

1.re
2.e
3.e Leçon. Servant de préparation aux Nominations de la 4.e
4.e Leçon. Servant de préparation aux Nominations de la 5.e
3.e
4.e
3.e
Fin.
4.e
Fin.
3.e
4.e
5.e Leçon, Servant de préparation aux nominations de la 6.e
6.e Leçon, Servant de préparation aux Nominations de la 7.e
5.e
6.e
5.e
6.e

5.e
6.e
7.e Leçon, Servant de préparation aux Nominations de la huitieme.
8.e Leçon, Servant de préparation aux Nominations de la neuvieme.
7.e
8.e
7.e
8.e
7.e
8.e
7.e
8.e
9.e Leçon, Servant de préparation aux Nominations de la Suivante.
10.e Leçon, Servant de préparation aux Nominations de la Suivante.
9.e
Fin
10.e
Fin.

9.e
10.e
9.e
10.e
9.e
10.e
11.e Leçon, Servant de préparation aux Nominations de la 12.e puis qu'elle Sera la même montée Seulem.t d'un Degré:
12.e Leçon, But de la précédente, ainsi que toutes celles qui précèdent le Sont les unes à l'egard des autres par raport aux Noms des Nottes.
11.e Fin.
12.e Fin.
11.e
12.e
11.e
12.e
11.e
12.e

Article huitieme

Maniere de prendre le Ton, Lors que les Nottes changent de nom, dans la Suite d'vn meme Chant. Leçon pour S'y Exercer.

Nous Voilà jnstruits de ce que c'est que la Transposition; Il faut à présent que j'explique le Moyen de prendre le Ton, au Changement de Nomination, tombant sur les memes Degrés, dans la Suite d'vn meme Chant; (J'entends par Degré, les Lignes où les Espaces de la Portée.) Remarquons d'abord.

1.° Que les Nottes Situées Sur les memes Degrés, recoivent souvent différens noms, dans la Suite d'vn meme Chant; où par vne nouvelle Transposition, où parce que la Transposition cesse.

II.° Que malgré ces différents noms, on donne les memes Sons aux Nottes, Situées dans les memes Degrés; pourvû que dans le changement de Nomination, ces Degrés ne soient pas modiffiés. (J'apelle Degrés modiffiés, ceux Sur lesquels on met, où dont on oste vn Bémol ♭, ou vn Diese ✻,

III.° Que toute la différence que cette modification puisse aporter dans l'Jntonation, c'est d'Elever ou d'abaisser de Demy-ton, les Seules Nottes Situées sur les Degrés modiffiés; Les Instruments Sont le point fixe, au quel les Voix doivent S'accorder; Sans cela point de Concert, ni d'accord entr'elles; Or les Instruments abaissent, ou élevent de demi-ton les Degrés modiffies; mais ils ne le font qu'à l'égard de ceux-ci.

IV.° Que par cette différence, il Se trouve des jntervales majeurs, Sur les Degrés où ils etoient mineurs; Et mineurs où ils etoient majeurs; Mais encore vne fois, ce changement ne Se fait, que Sur les Degrés modiffiés.

V.° Que cette différence d'Intervales, est marquée naturellement, par le changement de Nomination.

Ces principes establis, Voyons ce qu'il faut faire, pour donner le Vray Son aux Nottes, quand leur Nomination vient à changer dans la Suite d'vn meme Chant.

1.° Il n'y a que deux Nottes à observer, La Premiere, est celle qu'on voit jmmédiatement avant le changement; Et la Seconde, est celle qui Se trouve jmmédiatem.t après le Changement.

II.° On examine Si l'jntervale de ces deux Nottes est majeur, ou mineur; C'est la derniere qui en décide: Tombe t'elle dans un degré modifié? cet Intervale devient majeur, S'il estoit mineur; Et mineur, S'il estoit majeur. Tombe t'elle Sur vn Degré non modiffié? l'Intervale de ces deux Nottes, demeure tel quil estoit, majeur ou mineur. Après quoy on choisit, pour l'entoner, des Nominations qui l'jndiquent naturellem.t

Quelques Exemples vont éclaircir ce que je dis

1.re 2.e

Fa

Je Supose que la Notte Fa, soit jmmédiatement avant la Transposition; et la 2.me jmmédiatement après. l'Intervale de ces deux Nottes est-il alteré par la Transposition? Non; Puisque la Seconde tombe dans un Degré, que la Transposition ne modifie pas, Or auparavant il y avoit, entre ces deux Nottes, vne Tierce-majeure, jndiquée par Fa-la, Entonons donc vne Tierce-majeure, en nous Servant de ces memes Nominations Fa la; Changeons ensuite, le nom de la, en celuy de re, que luy donne la Transposition; Et nous voilà dans la voye: autre Exemple.

La P.re Notte la, est jmmédiatement avant la Transposition de l'air qu'on chante; Et la 2.e est jmmédiatement après, je le Supose; avant, la Tierce quelles exprimoient etoit majeure la-fa; apres, elle devient mineure; puisque la 2.e Notte tombant Sur un Degré Diesé, est élevée d'vn demi-ton; Il ne faut donc descendre que d'vne Tierce mineure, en prenant ou Sol-mi, ou re-si pour guide; Celuy-ci vaut mieux; puisque non Seulement jl jndique cette Tierce; Mais encor, les Nominations que cette Transposition donne aux Nottes. On comprend bien, Sans doute, qu'en entonant cette Tierce mineure Sur re-si, le re doit avoir le meme Son que le la.

Ne craignons point d'aporter trop d'Exemples; ce que j'enseigne, n'en deviendra que plus jntelligible

C'est joy l'jntervale d'vne Quarte, dont les deux Sons sont éloignés d'vn demi-ton de plus, qu'ils ne l'estoient avant la Transposition; puisque la seconde Notte tombe dans un Degré Diesé. y monteray-je par Sol-vt? je ne le puis. de Sol à vt, jl n'y à qu'vne quarte de deux Tons et demi; au lieu que par la Transposition, la Quarte est devenuë Triton, qui ne peut estre exprimé naturellement que par fa-si; je m'en sers, et je donne en suite au Son du Si, le nom que la Transposition Exige pour la seconde Notte; C'est mi.

En vn mot, que la Seconde Notte Soit dans vn Degré modiffié ou non,

1.° On voit D'abord, quelle Sorte d'Intervale Il y a entre les deux Nottes dont jl S'agit.

II.° On prend dans vt, re, mi, fa, Sol, la, Si, vt. des Nominations par les quelles on y puisse monter où descendre.

III.° On change la Seconde, en celle qu'jl convient. En donant à celle-ci le meme Son qu'à celle là, apres quoy jl n'y a plus qu'à poursuivre.

Leçon, où l'on a ménagé des occasions à S'exercer aux Divers changements de Nomination, dans la Suite d'vn meme Chant.

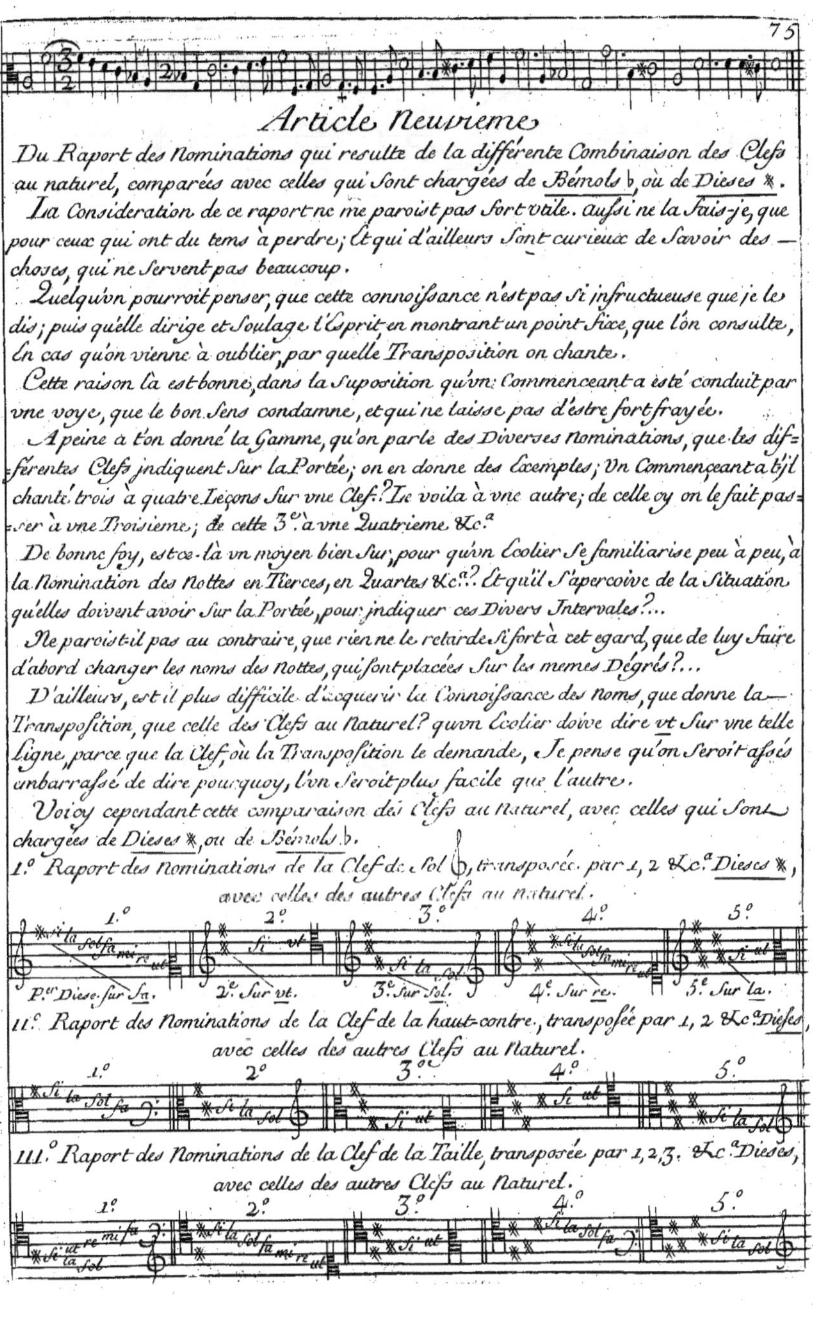

Article Neuvieme

Du Raport des Nominations qui resulte de la différente Combinaison des Clefs au naturel, comparées avec celles qui Sont chargées de Bémols ♭, ou de Dieses ✻.

La Consideration de ce raport ne me paroist pas Sort vtile. aussi ne la Fais-je, que pour ceux qui ont du tems à perdre; Et qui d'ailleurs Sont curieux de Savoir des choses, qui ne Servent pas beaucoup.

Quelqu'vn pourroit penser, que cette connoissance n'est pas si infructueuse que je le dis; puis qu'elle dirige et Soulage l'Esprit, en montrant un point Fixe, que l'on consulte, En cas qu'on vienne à oublier, par quelle Transposition on chante.

Cette raison là est bonne, dans la Suposition qu'vn Commenceant a esté conduit par vne voye, que le bon Sens condamne, et qui ne laisse pas d'estre fort frayée.

A peine a t'on donné la Gamme, qu'on parle des Diverses Nominations, que les différentes Clefs indiquent Sur la Portée; on en donne des Exemples; Vn Commençeant a t'il chanté trois à quatre Leçons Sur vne Clef? Le voila à vne autre; de celle cy on le fait passer à vne Troisieme; de cette 3.e à vne Quatrieme &c.a

De bonne foy, est-ce-là vn moyen bien Sur, pour qu'vn Ecolier Se familiarise peu à peu, à la Nomination des Nottes en Tierces, en Quartes &c.a? Et qu'il S'apercoive de la Situation qu'elles doivent avoir Sur la Portée, pour indiquer ces Divers Intervales?...

Ne paroist-il pas au contraire, que rien ne le retarde si fort à cet egard, que de luy faire d'abord changer les noms des Nottes, qui sont placées Sur les memes Dégrés?...

D'ailleurs, est il plus difficile d'acquerir la Connoissance des noms, que donne la Transposition, que celle des Clefs au Naturel? qu'vn Ecolier doive dire vt Sur vne telle Ligne, parce que la Clef, où la Transposition le demande, Je pense qu'on Seroit assés embarrassé de dire pourquoy, l'vn Seroit plus facile que l'autre.

Voicy cependant cette comparaison des Clefs au Naturel, avec celles qui Sont chargées de Dieses ✻, ou de Bémols ♭.

I.o Raport des Nominations de la Clef de Sol, transposée par 1, 2 &c.a Dieses ✻, avec celles des autres Clefs au Naturel.

II.e Raport des Nominations de la Clef de la haut-contre, transposée par 1, 2 &c.a Dieses, avec celles des autres Clefs au Naturel.

III.o Raport des Nominations de la Clef de la Taille, transposée par 1,2,3. &c.a Dieses, avec celles des autres Clefs au Naturel.

IV.° Raport des Nominations de la Clef du Concordant, transposée par 1, 2, 3. &c.ª Dieses, avec celles des autres Clefs au Naturel.
1.° 2.° 3.° 4.° 5.°
V.° Raport des Nominations de la Clef du Concordant, transposée par 1, 2, 3. &c.ª Dieses, avec celles que donnent les autres Clefs au Naturel.
1.° 2.° 3.° 4.° 5.°
VI.° Raport des Nominations de la Clef du Second dessus, transposée par 1, 2, 3. &c.ª Dieses, avec celles que donnent les autres Clefs au Naturel.
1.° 2.° 3.° 4.° 5.°
Je pourrois encor exposer le Raport des nominations, que donnent les Clefs Chargées des Dieses, avec celles qui le sont aussi; mais ce seroit vouloir trop vainem.t amuser le Lecteur.
Je viens à la Comparaison des Clefs Chargées de Bémols. ♭
I.° Raport des Nominations de la Clef de Sol transposée par 1, 2, 3. &c.ª Bémols avec celles des autres Clefs au Naturel.
1.° 2.° 3.° 4.°
P.er Bémol sur si. 2.e sur mi. 3.e sur la. 4.e sur re.
II.° Raport des Nominations de la Clef de la haute-Contre, transposée par 1, 2, 3. &c.ª Bémols avec celles que les Clefs au Naturel indiquent.
1.° 2.° 3.° 4.°
III.° Raport des Nominations de la Clef de la Taille, chargée de 1, 2, 3. &c.ª Bémols. avec celles des autres Clefs au Naturel.
1.° 2.° 3.° 4.°
IV.° Raport des Nominations de la Clef du Concordant à la 3.e Ligne Transposée par 1, 2, 3. &c.ª Bemols avec celles des autres Clefs au naturel.
1.° 2.° 3.° 4.°
V.° Raport des Nominations de la Clef du concordant à la 4.e Ligne et transposée par 1, 2, 3. &c.ª Bémols avec celles, que donnent les autres Clefs au Naturel.
1.° 2.° 3.° 4.°
VI.° Raport des Nominations de la Clef du Second dessus, transposée par 1, 2, 3. &c.ª Bémols avec celles des autres Clefs au Naturel.
1.° 2.° 3.° 4.°

Je n'ay point fait la comparaison des Clefs des Instrumens ; par ce qu'elle est encore plus inutile que les précédentes ; Les joüeurs d'Instrumens ne changeant point de Nomination ; quoy que leurs Clefs soient transposées.

A l'égard de la Transposition par un Cinquième ♭, je ne vois pas qu'elle soit en usage.

Chapitre Deuxieme

Où l'on achève d'Expliquer tout ce qui concerne l'Intonation.

Article Premier

de l'Intonation des Agréments.

Les Agréments sont des Sons supposées, et adjoutés aux Sons Expressem.t marqués. On peut les ranger tous, sous 3. Classes. Ce sont les Ports de Voix, les Cadences, et les Balancements.

1.° Le Port de Voix, proprement dit, est un Son ajouté entre deux autres, dont le dernier monte à l'égard du Premier

Port de Voix.

Si avant que de passer à cet Vt qu'indique la Blanche, je m'arreste tant soit peu, sur le Si, que marque cette petite Notte, En tenant l'Vt du Ton du Si, je fais un Port de voix à cet Vt.

Le Port de Voix se distingue en Port de Voix ; Port de Voix-doublé ; accent ; coulement.

La Définition que je viens de donner du Port de voix proprem.t dit, me dispense de faire celles des autres Agréments, les quelles se liront dans les Nottes, qu'il faut supposer pour les pratiquer.

Port de Voix-doublé. Accent. Coulement.

La Feinte et le Pincé ne sont au fond, que les différens Vsages, qu'on fait des Agréments, dont je viens de Parler. Par Exemple.

Feinte. Pincé.

Il me paroist, que la Feinte est un Vray accent : Et que le Pincé n'est qu'vn Port de Voix, Executé un peu plus vitte ; Quoy qu'il en soit les voilà.

II.° Les Cadences sont deux Sons répétés alternativem.t avec égalité et Vitesse, et dont le Suposé est le plus haut.

Cadence. Expression developée de la Cadence.

Si je veux trembler sur le Si, je supose un Vt ; je répète alternativement ces deux Sons Vt-Si, avec égalité et Vitesse, comme il est exprimé par ces doubles-Croches, C'est vne Cadence.

Elle peut se distinguer en Cadence et en Tremblement subit. Celuy-cy ne différe de la premiere, qu'en ce que l'on ne s'arrête point sur le Son emprunté, avant que de trembler ; au lieu qu'on s'y arrête tant soit peu, avant que de faire la Cadence, qu'on apelle quelquefois, Soutenuë.

On parle encor d'vne Cadence coupée ; d'vne double Cadence coupée ; d'vne double Cadence battuë ; d'vne Cadence apuyée battuë et fermée. pour moy il me semble que tous ces termes ne signiffient autre chose, que les différents endroits, où l'on mét la Cadence en Vsage ; ou qu'ils ne différent entre eux, que du plus au moins.

III.° Les Balancements, sont des Sons suposés et formés sur le meme Degré. si après

avoir dit mi, Par Exemple, j'en prolonge le Son, Et que je le répète avec égalité et vitesse par la meme ouverture de bouche, je fais un balancement. En voila l'Expression dévelopée.

On a jnventé des Signes, pour Exprimer tous ces Agrémens, les voicy.

Il y a encor vn agrément qui donne en effet vn grand agrément au Chant. Ce sont les Enflemens de la Voix, si on peut parler ainsi. Ils se pratiquent sur les Sons d'vne durée vn peu grande. On commence par adoucir extremément la Voix; on la pousse en suite peu à peu jusqu'à l'eclat, qu'on diminuë jnsensiblement jusqu'au Silence; Mais pour Executer cet Agrément et les autres il est nécessaire d'avoir quelqu'vn, qui les pratique actuellement, et qui parle aux oreilles de Celuy, qui veut les aprendre. Sans ce Secours, on parleroit en vain aux yeux.

Il en est de meme de l'art de placer les agréments; sur quoy on ne peut donner des Regles qui puissent estre avouées de tous les Maitres; car chacun a son goût. Les seuls vrays Moyens que je connoisse pour aprendre à chanter avec propreté et délicatesse, C'est d'avoir vne jdée des Agréments; vn bon Maître qui possede le goût à la mode, et l'art de le faire sentir à ses Ecoliers. Ce qui sert aussi beaucoup, c'est l'attention qu'on fait à la maniere de chanter de ceux que le Public goûte, sur tout quand on s'aplique à les jmiter.

Article Deuxieme

De l'Intonation qui a raport aux Modes.

Je ne puis m'empecher de remarquer en passant, avec combien peu d'ordre, on parle ordinairem.t des Modes. Il me paroist qu'on le fait là, où il n'est nullement naturel de l'attendre par raport à la difficulté de se rendre jntelligible; et par raport encor à l'jnutilité d'vne telle connoissance, au tems qu'on essaye de la donner. Eh que peut (de bonne foy) entendre un Commençant de quelques jours, à tout ce qu'on peut luy dire sur les Modes? Luy qui n'a encore aucune jdée de Ton, de demi-ton, de Tierce mineure ou Majeure; Et qui ne peut l'avoir, qu'apres la pratique de l'Intonation des Sons.

Mais quand il comprendroit ce qu'on luy dit là dessus, à quoy est ce que tout cela peut luy servir pour l'execution des Leçons, qu'on luy donne dans les commencem.ts? puisqu'au contraire, c'est cette Execution là meme, qui seule peut préparer son Esprit à entendre ce qui regarde les Modes; Et sans la quelle, tout ce qu'on prétend luy expliquer sur ce sujet, n'est qu'vn son vuide de sens pour luy.

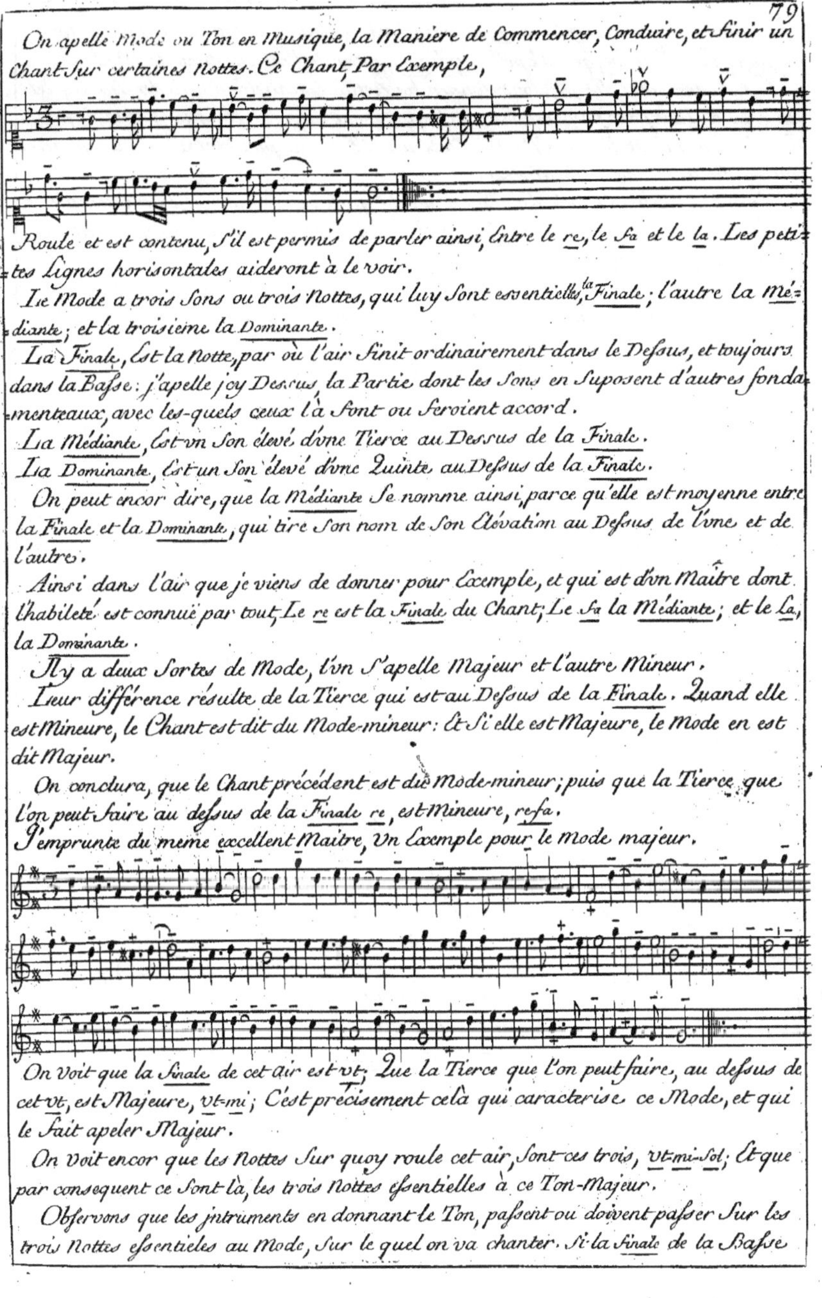

On apelle Mode ou Ton en Musique, la Maniere de Commencer, Conduire, et finir un Chant sur certaines Nottes. Ce Chant, Par Exemple,

Roule et est contenu, s'il est permis de parler ainsi, Entre le re, le fa et le la. Les petites Lignes horisontales aideront à le voir.

Le Mode a trois Sons ou trois Nottes, qui luy sont essentielles, la Finale; l'autre la Médiante; et la troisieme la Dominante.

La Finale, Est la Notte, par où l'air finit ordinairement dans le Dessus, et toujours dans la Basse: j'apelle icy Dessus, la Partie dont les Sons en suposent d'autres fondamenteaux, avec les-quels ceux là sont ou seroient accord.

La Médiante, Est un Son élevé d'une Tierce au Dessus de la Finale.

La Dominante, Est un Son élevé d'une Quinte au Dessus de la Finale.

On peut encor dire, que la Médiante se nomme ainsi, parce qu'elle est moyenne entre la Finale et la Dominante, qui tire son nom de son Élévation au Dessus de l'une et de l'autre.

Ainsi dans l'air que je viens de donner pour Exemple, et qui est d'un Maître dont l'habileté est connuë par tout, Le re est la Finale du Chant; Le fa la Médiante; et le La, la Dominante.

Il y a deux sortes de Mode, l'un s'apelle Majeur et l'autre Mineur.

Leur différence résulte de la Tierce qui est au Dessus de la Finale. Quand elle est Mineure, le Chant est dit du Mode-mineur: Et si elle est Majeure, le Mode en est dit Majeur.

On conclura, que le Chant précédent est du Mode-mineur; puis que la Tierce que l'on peut faire au dessus de la Finale re, est Mineure, re-fa.

J'emprunte du meme excellent Maitre, Un Exemple pour le Mode majeur.

On voit que la Finale de cet air est ut; Que la Tierce que l'on peut faire, au dessus de cet ut, est Majeure, ut-mi; C'est précisement celà qui caracterise ce Mode, et qui le fait apeler Majeur.

On voit encor que les Nottes sur quoy roule cet air, sont ces trois, ut-mi-sol; Et que par consequent ce sont là, les trois Nottes essentielles à ce Ton-Majeur.

Observons que les instruments en donnant le Ton, passent ou doivent passer sur les trois Nottes essentieles au Mode, sur le quel on va chanter. Si la Finale de la Basse du Concert est, par Exemple en re, on entend les Instruments toucher ces trois Sons, re, fa, la, Et re l'octave, qui s'apelle replique, quand il est question de Mode.

Les Instruments, dis-je, font sonner les Nottes essentieles au Mode, sur lequel on chante, Tant pour préparer les oreilles, que pour advertir chaque Acteur de prendre le Son qui est dans sa Partie. Chacune d'Elles ne pouvant avoir au cõmencem.t qu'vne des trois Nottes essentielles.

Pour exprimer le Mode d'vn Chant, on dit quelquefois, qu'il est, Par Exemple, en F-vt-fa Bécare, ou en F-vt-fa Bémol &c.ª Quelques vns disent simplement, en fa Tierce majeure, ou en re Tierce mineure.

On remarquera en passant, que le Mode-majeur en general, est propre à jnspirer la joye; Et le Mode-mineur à jnspirer la Tristesse; Mais l'vn et l'autre mis en œuvre par un bon Maître, sert à tous les Deux.

Article Troisieme.

De l'vnisson des Voix.

Les voix sont à l'vnisson, lors qu'elles forment le meme son, sur quoy il faut bien remarquer, que toutes celles qui paroissent à l'vnisson, ne le sont pas pour celà; Et qu'il y en a, malgré cette aparence, qui son à l'octave l'vne de l'autre.

Il faut, par Exemple, qu'vn homme ait vne Etenduë de Voix Extraordinaire pour estre à l'vnisson avec une voix de Garçon de 13 à 14 ans, où avec une voix de femme qui formeroit le Son qu'jndique cette Notte.

mi. mi. mi.

Il semble, que la haute-contre soit à l'vnisson, en faisant sonner le mi, qui est situé à la 4.e Ligne; Cependant elle ne l'est, qu'en formant le son du mi, qui est dans l'espace qui suit en haut la derniere Ligne des deux ajoutées. Il en est de meme du Violon avec la Basse de Viole ou le violoncelle; De l'Epinette avec le Clavessin; des Flûtes, ou des Haubois avec le Basson &c.ª

C'est l'Experience qui a fait remarquer cette Difference. On pouroit aussi en donner la raison; Mais toutes ces Spéculations ne servent de rien pour la Pratique. Voyons sur quels degrés de la Portée les Voix et les Instruments peuvent estre à l'vnisson.

Vnisson des Voix.

Premier Dessus. Second Dessus. Haute-Contre. Taille. Basse-taille ou Concord.t

Sol. Sol. Sol. Sol. Sol.

Vnisson des Instruments.

Violon. Basse de Viole. Flûte ou Haubois. Basson. &c.ª

Sol. Sol. Sol. Sol.

Chapitre Troisieme.

Où l'on aprend qu'elles sont les Mesures qui conviennent aux divers Caracteres de Chant.

Je donneray d'abord vne Notion des diverses manieres d'airs; Ensuite je diray de Chacun en particulier, la sorte de Mesure et de Mouvement qui luy convient. Au reste, je ne me rends pas garant de la Verité de ces deffinitions, si l'on vient à les appliquer relativement aux Pieces de tous les Maitres. Les uns peuvent ignorer les Regles de la Construction des Chants qu'ils Composent; Les autres se tracent des routes particulieres, peut etre meilleures que celles qu'ils abandonnent.

" J'observe d'abord, avec un des plus grands et des plus proffonds Auteurs, en fait "
" d'harmonie et de Melodie; que ces Sortes d'airs que je deffinis icy, se divisent en 2. "
" Sortes; Et que les plus parfaits sont ceux, dont chaque partie est Composée de quatre, "
" de huit de douze, de Seize Mesures; La chute du Chant, ou une maniere de chute "
" s'y faisant sentir à la quatrieme, souvent à la Seconde; ou à la 8.e &c. "
" Il est rare que ce soit à la cinquieme, ou à la Sixieme, encore moins à la troisieme "
" Le repos du Chant, placé apres un tel nombre de Mesures, ne produisant aucun bon effet. "

A Legard du Signe de la Mesure, chacun choisit celuy qu'il aime le mieux, entre ceux qui peuvent convenir à l'air qu'il Compose. Or on sait qu'il n'y a que deux Sortes de Mesures. Celle de 2 Tems, et celle de 3.

Le Branle est un Air à danser; on en distingue de plusieurs Sortes. Le Grand Bransle, le Bransle-simple, le Bransle-double, le Bransle-gay, le Bransle-amener. Leur différence consiste, dans le Nombre de leurs Mésures qui est ordinairement ou 4, ou 8, ou 12. &c. Et dans leurs Mouvemens plus ou moins gays. La Mésure se bat à 2 tems gays

La Bourrée, est une Piéce commencant par une croche ou par une noire, qui n'est pas censée entrer dans la Mésure. Cette Piéce a deux parties égales de huit Mésures chacune; Et quand la premiére n'en a que quatre, on la repete. La Seconde Partie se dit toujours deux fois. La Mésure se marque par .... 2 légérement.

La Gaillarde, est une Piece de six Mesures à chaque partie, Et une cadence ou un Repos de trois en trois; la Mésure est à .... 2 légérem.t

La Gavotte, est une Piece qui commence par une Noire pointée, suivie d'une Croche hors de Mésure, ou bien par 4. Croches. La Premiere partie a quatre Mésures, elle se joüe deux fois, ou si elle en a huit elle ne se répéte pas: La Seconde en a huit, et se répéte. La Mesure de cette Piece est à .... 2 légérem.t

Le Rigodon, est composé de deux Airs, La premiere partie du premier a huit Mesures, et la Seconde douze; les deux parties du Second air, ont chacune huit Mesures. il doit y en avoir un Repos, au milieu de chaque partie des deux Airs, qui commencent par une croche. La Mésure est à .... 2 Gayement.

La Pavane se divisoit en grande et petite pavane, celle-ci n'avoit que Douze Mésures en tout, distinguées de quatre en quatre par un repos. La grande Pavane avoit 3 parties terminées par autant des Cadences differentes; Ces diverses parties enchérissoient les unes sur les autres de gayeté, et de deux Mesures de plus dont le Signe est à .... 2 graves.

La Cantate, est une Piece de Musique, Composée ordinairem.t de trois Récitatifs, dont chacun est suivi ou precédé d'un air. Or un Récitatif est une maniere de Chant, qui tient assés du parler; ou bien, c'est un chant où l'on récite quelque Trait historique ou Fabuleux.

La Sarabande, est un air qui a deux Parties, dont la premiere a ou 4 ou huit Mésures. Si elle n'en a que quatre, on la répete. La Seconde Partie, comme la premiere, va de quatre en quatre Mésures, Elle se recommence comme la premiére, Et quelquefois, apres avoir fini on répete les quatre dernieres Mesures, qui se battent à ... $\frac{3}{4}$ Lentem.t

La Courante, est une Piece, dont la premiere partie ne passe jamais six Mesures, et dont la Seconde en a toujours deux de plus, que la P.re Cette Piece se cōmence en levant la main pour battre la Mésure à ... $\frac{3}{4}$ Lentem.t

La Passe-Caille, est un Chant de plusieurs Couplets de 4 Mésures chacun, roulant presque tous sur le meme Sujet, ou sur les memes Sons fondamenteaux de la Basse. La Mésure est à ... $\frac{3}{4}$ Gravem.t

La Chaconne, est une Piece composée de plusieurs Couplets, qui, de meme que la Passe-Caille, portent presque tous sur le meme Sujet, ou les memes Sons fondamenteaux de la Basse. La Mesure est à ... $\frac{3}{4}$ Legerem.t

La Gigue, est une Piece qui se joüe fort vite, et dont les Mesures cōmencent souvent par une Notte-pointée. La Mésure est, à ... $\frac{6}{8}$ ou $\frac{9}{8}$ vitte.

La Canarie, est une Piece, dont chaque Mésure cōmence presque toujours par une Notte pointée, et la derniere Mésure de chaque couplet, est composée de deux Nottes dont la P.re fait les 2 tiers du Tems, ou de la Mésure qui se marque par ... $\frac{3}{8}$ ou $\frac{6}{8}$ fort vitte.

Le Menuët, est un air à Danser, qui doit avoir une sorte de repos de quatre en quatre Mesures. dont le Signe est à ... $\frac{3}{4}$ Vitte.

Le Passe pied, est un Air à Danser, commenceant par une Notte hors de Mésure, qui se marque par ... $\frac{3}{8}$ fort vitte.

L'Allemande, est une Piece, qui cōmence par une croche ou par une double-croche, qui n'est pas censée entrer dans la Mésure, ou qui se dit en levant la main pour battre la P.re Mésure de la Piece. Ordinairement elle est à ... C Lentement.

Le Rondeau. s'apelle ainsi, parce qu'il semble faire un demi-Cercle par la répétition du premier Couplet, apres chacun de ceux dont le Rondeau est composé. On en fait à toute sorte de Mesures, et elles se battent légérement pour cette Piece.

Le Caprice ou La Fantaisie, est une Piece, où le Componteur ne consulte que son goût pour la Mésure, et pour le Degré de Mouvement.

Me voicy à la fin de tout ce qui regarde l'Execution de la Musique; J'ay taché de ne point perdre de vuë, la regle que je m'etois precrispte, de me mettre et de me tenir Constāment à la place des Cōmencants; de peur qu'en quitant ce poste, je ne crusse leur parler, tandis que je naurois parlé qu'à moy meme. Malheur assés comun parmi bien des Auteurs, dont les ouvrages ne sont guere qu'un amas informe et tenebreux de ce qu'ils savent; Et non une Méthode de ce qu'ils prétendent Enseigner. Si Celle ci est Goutée, Je donneray quelques regles, pour joindre la parole aux Sons des Nottes, et j'en feray l'application à des Airs nouveaux de toute sorte de Caracteres; Et dont l'execution ne paroitra, et ne sera qu'un Jeu, pour Ceux qui n'auront pas succombé à l'aveugle Démangeaison de Chanter la parole dez les P.rs mois. Il ne faut avoir qu'un peu de bon sens, pour voir que rien ne retarde si fort les progres qu'on feroit; et quon doit etre Capable de Solfier à Livre Ouvert, avant que de s'essayer à joindre la parole, si l'on ne veut pas Multiplier les difficultez et les années; Mais le Pueril Empressem.t Dans ceoy Comme dans tout autre chose, sera toujours qu'on ne recueillira que des fruits précoces; apres quoy l'on se croit fort savant, pour avoir apris quelques Chansonettes par routine et à force de répétition; et l'on ignore qu'on ne sait rien, Et qu'au sur-plus on a perdu son temps, sa peine, et son argent.

Fin.

www.ingramcontent.com/pod-product-compliance
Lightning Source LLC
LaVergne TN
LVHW020421230826
846091LV00004B/1355

* 9 7 8 2 3 2 9 3 1 8 4 2 4 *